El desbarrancadero

ALFAGUARA

© 2001, Fernando Vallejo
© De esta edición:
2001, Distribuidora y Editora Aguilar, Altea, Taurus, Alfaguara, S.A.
Calle 80 No. 10-23
Teléfono 635 12 00
Bogotá, Colombia

• Aguilar, Altea, Taurus, Alfaguara, S. A.
Beazley 3860. 1437, Buenos Aires

• Santillana Ediciones Generales, S. L.
Torrelaguna, 60. 28043, Madrid

• Aguilar, Altea, Taurus, Alfaguara, S.A. de C.V.
Avenida Universidad 767. Colonia del Valle
03100 México, D.F.

ISBN: 958-8061-62-8
Impreso en Colombia

Primera edición en Colombia, marzo de 2001

Primera reimpresión, septiembre de 2002
Segunda reimpresión, julio de 2003
Tercera reimpresión, septiembre de 2003
Cuarta reimpresión, febrero de 2004

© En la cubierta, Fernando Vallejo (a la derecha)
con su hermano Darío, foto tomada por su tío Argemiro.

Fernando Vallejo

El desbarrancadero

Cuando le abrieron la puerta entró sin saludar, subió la escalera, cruzó la segunda planta, llegó al cuarto del fondo, se desplomó en la cama y cayó en coma. Así, libre de sí mismo, al borde del desbarrancadero de la muerte por el que no mucho después se habría de despeñar, pasó los que creo que fueron sus únicos días en paz desde su lejana infancia. Era la semana de navidad, la más feliz de los niños de Antioquia. ¡Y qué hace que éramos niños! Se nos habían ido pasando los días, los años, la vida, tan atropelladamente como ese río de Medellín que convirtieron en alcantarilla para que arrastrara, entre remolinos de rabia, en sus aguas sucias, en vez de las sabaletas resplandecientes de antaño, mierda, mierda y más mierda hacia el mar.

Para el año nuevo ya estaba de vuelta a la realidad: a lo ineluctable, a su enfermedad, al polvoso manicomio de su casa, de mi casa, que se desmoronaba en ruinas. ¿Pero de mi casa digo? ¡Pendejo! Cuánto hacía que ya no era mi casa, desde que papi se murió, y por eso el polvo, porque desde que él faltó ya nadie la barría. La Loca había perdido con su muerte más que un marido a su sirvienta, la única que le duró. Medio siglo le duró, lo que se dice rápido. Ellos eran el espejo del amor, el sol de la felicidad, el matrimonio perfecto. Nueve hijos fabricaron en los primeros veinte años mientras les funcionó la máquina, para la mayor gloria de Dios y de la patria. ¡Cuál Dios, cuál patria! ¡Pendejos! Dios no existe y si existe es un cerdo y Colombia un matadero. ¡Y yo que juré no volver! Nunca digas de esta agua no beberé porque al ritmo a que vamos y con los muchos que somos el día menos pensado estaremos bebiendo todos el aguamierda de ese río. Que todo sea para la mayor gloria del que dije y la que dije. Amén.

Volví cuando me avisaron que Darío, mi hermano, el primero de la infinidad que tuve se estaba muriendo, no se sabía de qué. De esa enfermedad, hombre, de maricas que es la moda, del modelito que hoy se estila y que los pone a andar por las calles como cadáveres, como fantasmas translúcidos impulsados por la luz que mueve a las mariposas. ¿Y que se llama cómo? Ah, yo no sé. Con esta debilidad que siempre he tenido yo por las mujeres, de maricas nada sé, como no sea que los hay de sobra en este mundo incluyendo presidentes y papas. Sin ir más lejos de este país de sicarios, ¿no acabamos pues de tener aquí de Primer Mandatario a una Primera Dama? Y hablaban las malas lenguas (que de esto saben más que las lenguas de fuego del Espíritu Santo) de la debilidad apostólica que le acometió al Papa Pablo por los chulos o marchette de Roma. La misma que me acometió a mí cuando estuve allá y lo conocí, o mejor dicho lo vi de lejos, un domingo en la mañana y en la plaza de San Pedro bendiciendo desde su ventana. ¡Cómo olvidarlo! Él arriba bendiciendo y abajo nosotros el rebaño aborregados en la cerrazón de la plaza. En mi opinión, en mi modesta opinión, bendecía demasiado y demasiado inespecíficamente y con demasiada soltura, como si tuviera la mano quebrada, suelta, haciendo en el aire cruces que teníamos que adivinar. Como notario que de tanto firmar daña la firma, de tanto bendecir Su Santidad había dañado su bendición. Bendecía desmañadamente, para aquí, para allá, para el Norte, para el Sur, para el Oriente, para el Occidente, a quien quiera y a quien le cayera, a diestra y siniestra, a la diabla. ¡Qué chaparrón de bendiciones el que nos llovió! Esa mañana andaba Su Santidad más suelto de la manita que médico recetando antibióticos.

Toqué y me abrió el Gran Güevón, el semiengendro que de último hijo parió la Loca (en mala edad, a destiempo, cuando ya los óvulos, los genes, estaban dañados por las mutaciones). Abrió y ni me saludó, se dio la vuelta y volvió a sus computadoras, al Internet. Se había adueñado de la casa, de esa casa que papi nos dejó cuando nos dejó y de paso este mundo. Primero se apoderó de la sala, después del jardín, del comedor, del patio, del cuarto del piano, la biblioteca, la cocina y toda la segunda planta incluyendo en los cuartos los techos y en el techo la antena del televisor. Con decirles que ya era suya hasta la enredadera que cubría por fuera el ventanal de la fachada, y los humildes ratones que en las noches

venían a mi casa a malcomer, vicio del que nos acabamos de curar nosotros definitivamente cuando papi se murió.

—¿Y este semiengendro por qué no me sa-
luda, o es que dormí con él?

No me hablaba desde hacía añales, desde que
floreció el castaño. Se le había venido incubando en
la barriga un odio fermentado contra mí, contra este
amor, su propio hermano, el de la voz, el que aquí dice yo, el dueño de este changarro. En fin, qué le vamos a hacer, mientras Darío no se muriera estábamos
condenados a seguirnos viendo bajo el mismo techo,
en el mismo infierno. El infiernito que la Loca construyó, paso a paso, día a día, amorosamente, en cincuenta años. Como las empresas sólidas que no se
improvisan, un infiernito de tradición.

Pasé. Descargué la maleta en el piso y entonces vi a la Muerte en la escalera, instalada allí la puta
perra con su sonrisita inefable, en el primer escalón.
Había vuelto. Si por lo menos fuera por mí... ¡Qué
va! A este su servidor (suyo de usted, no de ella) le tiene respeto. Me ve y se aparta, como cuando se tro-
pezaban los haitianos en la calle con Duvalier.

—No voy a subir, señora, no vine a verla. Como la Loca, trato de no subir ni bajar escaleras y andar siempre en plano. Y mientras vuelvo cuídese y me
cuida de paso la maleta, que en este país de ladrones
en un descuido le roban a uno los calzoncillos y a la
Muerte la hoz.

Y dejé a la desdentada cuidando y seguí hacia
el patio. Allí estaba, en una hamaca que había colga-

do del mango y del ciruelo, y bajo una sábana extendida sobre los alambres de secar ropa que lo protegía del sol.

—¡Darío, niño, pero si estás en la tienda del cheik!

Se incorporó sonriéndome como si viera en mí a la vida, y sólo la alegría de verme, que le brillaba en los ojos, le daba vida a su cara: el resto era un pellejo arrugado sobre los huesos y manchado por el sarcoma.

—¡Qué pasó, niño! ¿Por qué no me avisaste que estabas tan mal? Yo llamándote día tras día a Bogotá desde México y nadie me contestaba. Pensé que se te había vuelto a descomponer el teléfono.

No, el descompuesto era él que se estaba muriendo desde hacía meses de diarrea, una diarrea imparable que ni Dios Padre con toda su omnipotencia y probada bondad para con los humanos podía detener. Lo del teléfono eran dos simples cables sueltos que su desidia ajena a las llamadas de este mundo mantenía así en el suelo mientras flotaba rumbo al cielo, contenida por el techo, una embotada nube de marihuana que se alimentaba a sí misma. El teléfono tenía arreglo. Él no. Con sida o sin sida era un caso perdido. ¡Y miren quién lo dice!

—Abrí esas ventanas, Darío, para que salga esta humareda que ya no me deja pensar.

No, no las abría. Que si las abría entraba el viento frío de afuera. Y seguía muy campante en la hamaca que tenía colgada de pared a pared. ¡Qué desastre ese apartamento suyo de Bogotá! Peor que esta casa de Medellín donde se estaba muriendo. Nada más les describo el baño. Para empezar, había que subir un escalón.

—¿Y este escalón aquí para qué? ¡Maestros de obra chambones!

¿En qué cabeza cabía hacer el baño un escalón más alto que el resto del tugurio? Me tropezaba con el escalón al entrar, y me iba de bruces sobre el vacío al salir.

—¡Hijueputa dos veces el que lo construyó! Una por su madre y otra por su abuela.

El baño no tenía foco, o mejor dicho foco sí, pero fundido, y cuánto hace que se acabó el papel higiénico. Desde los tiempos de Maricastaña y el maricón Gaviria. Y ojo al que se sentara en ese inodoro: se golpeaba las rodillas contra la pared. Ya quisiera yo ver a Su Santidad Wojtyla sentado ahí. O bajo la regadera, un chorrito frío, frío, frío que caía gota a gota a tres centímetros del ángulo que formaban las otras dos paredes, heladas. El golpe ya no era sólo en las rodillas sino también en los codos cuando uno se trataba de enjabonar. ¿Pero jabón?

—¡Darío, carajo, dónde está el jabón!

Jabón no había. Que se acabó. También se acabó. Todo en esta vida se acaba. Y ahora el que se estaba acabando era él, sin que ni Dios ni nadie pudiera evitarlo.

Se incorporó con dificultad de la hamaca del jardín para saludarme, y al abrazarlo sentí como si apretara contra el corazón un costalado de huesos. Un pájaro cortó el aire seco con un llamado inarmónico, metálico: "¡Gruac! ¡Gruac! ¡Gruac!" O algo así, como triturando lata.

—Hace días que trato de verlo —comentó Darío—, pero no sé dónde está, se me esconde.

Que iba graznando del mango al ciruelo, del ciruelo a la enredadera, de la enredadera al techo, sin dejarse ver.

—Ya conozco a todos los pájaros que vienen aquí, menos ése.

En este punto recuerdo que un año atrás había subido con papi al edificio de al lado, recién terminado, a conocer sus apartamentos que acababan de poner en venta, y que vi por primera vez desde arriba el jardincito de mi casa: un cuadradito verde, vivo, vivo, al que llegaban los pájaros. Uno de los últimos que quedaban en ese barrio de Laureles cuyas casas habían ido cayendo una a una a golpes de piqueta compradas y tumbadas por la mafia para levantar en sus terrenos edificios mafiosos.

—¿Y a quién le piensan vender tantos apartamentos? —le pregunté a papi.

—No hay a quién —me contestó—. Hoy por hoy aquí sólo hay ricos muy ricos y pobres muy pobres. Y los ricos no venden porque los pobres no compran.

—Los pobres jamás compran —comenté—: roban. Roban y paren para que vengan más pobres a seguir robando y pariendo. Menos mal papi que ya te vas a morir y a escapar de ver tumbada tu casa.

—¡Qué va! El que se va a morir es este siglo que está muy viejo. Yo no. Pienso enterrar al milenio y vivir hasta los ciento quince años. O más.

—¿Ciento quince años bebiendo aguardiente? No hay hígado que resista.

—¡Claro que lo hay! El hígado es un órgano muy noble que se renueva.

Tres meses después yacía en su cama muerto, justamente porque el hígado no se le renovó. ¡Qué se va a renovar! Aquí los únicos que se renuevan son estos hijos de puta en la presidencia. Pobre papi, a quien quise tanto. Ochenta y dos años vivió, bien rezados. Lo cual es mucho si se mira desde un lado, pero si se mira desde el otro muy poquito. Ochenta y dos años no alcanzan ni para aprenderse uno una enciclopedia.

—¿O no, Darío? Tenemos que aguantar a ver si acabamos de remontar la cuesta de este siglo que tan difícil se está poniendo. Pasado el 2000 todo va a ser más fácil: tomaremos rumbo a la eternidad de bajada. Hay que creer en algo, aunque sea en la fuerza de la gravedad. Sin fe no se puede vivir.

Entonces, mientras yo lo veía armar un cigarrillo de marihuana, me contó cómo se había precipitado el desastre: a los pocos días de estarse tomando un remedio que yo le había mandado de México empezó a subir de peso y a llenársele la cara como por milagro. ¡Qué milagro ni qué milagro! Era que había dejado de orinar y estaba acumulando líquidos: después de la cara se le hincharon los pies y a partir de ese momento la cosa definitivamente se jodió porque ya no pudo ni caminar para subir a ese apartamento suyo de Bogotá situado en el pico de una falda coronando una montaña, tan, tan, tan, tan alto que las nubes del cielo se confundían con sus nubes de marihuana. De inmediato comprendí qué había pasado. La fluoximesterona, la porquería que le mandé, era un andrógeno anabólico que se estaba experimentando en el sida dizque para revertir la extenuación de los enfermos y aumentarles la masa muscular. En vez de eso a Darío lo que le provocó fue una hipertrofia de la próstata que le obstruyó los conductos urinarios. Por eso la acumulación de líquidos y el milagro de la rozagancia de la cara.

—Hombre Darío, la próstata es un órgano estúpido. Por ahí empieza casi todos los cánceres de los hombres, y como no sea para la reproducción no sirve para nada. Hay que sacarla. Y mientras más pronto mejor, no bien nazca el niño y antes de que madure y se reproduzca el hijueputica. Y de paso se le sacan el apéndice y las amígdalas. Así, sin tanto estorbo, podrá correr más ligero el angelito y no tendrá ocasión de hacer el mal.

Y acto seguido, en tanto él acababa de armar el cigarrillo de marihuana y se lo empezaba a fumar con la naturalidad de la beata que comulga todos los días, le fui explicando el plan mío que constaba de los siguientes cinco puntos geniales: Uno, pararle la diarrea con un remedio para la diarrea de las vacas, la sulfaguanidina, que nunca se había usado en humanos pero que a mí se me ocurrió dado que no es tanta la diferencia entre la humanidad y los bovinos como no sea que las mujeres producen con dos tetas menos leche que las vacas con cinco o seis. Dos, sacarle la próstata. Tres, volverle a dar la fluoximesterona. Cuatro, publicar en El Colombiano, el periódico de Medellín, el consabido anuncio de "Gracias Espíritu Santo por los favores recibidos". Y quinto, irnos de rumba a la Côte d'Azur.

—¿Qué te parece?

Que le parecía bien. Y mientras me lo decía se atragantaba con el humo de la maldita yerba, que es bendita.

—Esa marihuana es bendita, ¿o no, Darío?

¡Claro que lo era, por ella estaba vivo! El sida le quitaba el apetito, pero la marihuana se lo volvía a dar.

—Fumá más, hombre.

Palabras necias las mías. No había que decírselo. Mi hermano era marihuano convencido desde hacía cuando menos treinta años, desde que yo le presenté a la inefable. Con esta inconstancia mía para todo, esta volubilidad que me caracteriza, yo la dejé poco después. Él no: se la sumó al aguardiente. Y le hacían cortocircuito. El desquiciamiento que le provocaba a mi hermano la conjunción de los dos demonios lo ponía a hacer chambonada y media: rompía vidrios, chocaba carros, quebraba televisores. A trancazos se agarraba con la policía y un día, en un juzgado, frente a un juez, tiró por el balcón al juez. A la cárcel Modelo fue a dar, una temporadita. Cómo salió vivo de allí, de esa cárcel que es modelo pero del matadero, no lo sé. De eso no hablaba, se le olvidaba. Todo lo que tenía que ver con sus horrores se le olvidaba. Que era problema de familia, decía, que a nosotros dizque se nos cruzaban los cables.

—Se le cruzarán a usted, hermano. ¡A mí no, toco madera! Tan tan.

Andaba por la selva del Amazonas en plena zona guerrillera con una mochilita al hombro llena de aguardiente y marihuana y sin cédula, ¿se imagina usted? Nadie que exista, en Colombia, anda sin cédula. En Colombia hasta los muertos tienen cédula, y votan. Dejar uno allá la cédula en la casa es como dejar el pipí, ¡quién con dos centigramos de cerebro la deja!

—¿Por qué carajos, Darío, no andás con la cédula, qué te cuesta?

—No tengo, me la robaron.

—¡Estúpido!

Dejarse robar uno la cédula en Colombia es peor que matar a la madre.

—¿Y si con tu cédula matan a un cristiano qué?

Que qué va, que qué iba, que no iban a matar a nadie, que dejara ese fatalismo. ¡Fatalismo! Esa palabra, ya en desuso, la aprendimos de la abuela. Viene del latín, de "fatum", destino, que siempre es para peor. ¡Raquelita, madre abuela, qué bueno que ya no estás para que no veas el derrumbe de tu nieto!

Por la selva del Amazonas andaba pues sin cédula. ¿Cómo pasaba los retenes del ejército sin cédula para irse a fumar marihuana en el corazón de la jungla? Vaya Dios a saber, de eso tampoco hablaba. De nada hablaba. Vidrio que él quebró, casa que él destrozó, ajena o propia, vidrio y casa que se le borraban de la cabeza ipso facto. Los horrores que me hizo a mí no tienen cuento. Cuando el eminentísimo doctor Barraquer me transplantó una córnea, Darío de un guitarrazo en la cabeza me desprendió la retina. ¡Cuántas guitarras en su vida no quebró! Canción tocada guitarra quebrada. El amasiato de la marihuana y el aguardiente le desencadenaba a Darío una verdadera furia de destrucción. ¿Cómo lo aguantaban los amigos? No sé. ¿Cómo lo aguantaba la familia? No sé. ¿Cómo lo aguantaba yo? No sé. No sé cómo lo aguanté cincuenta años. ¡Y los vecinos, por Dios, los vecinos! Dejaba el grifo del agua abierto, cerraba con triple llave su apartamento para que no se lo fueran a robar, y se iba quince días a la Amazonia a meditar. Les inundaba a todos los apartamentos: al vecino de abajo, al de más abajo, al de la planta baja, chorriando el agua, bajando en chorritos cristalinos por la escalera, de escalón en escalón y diciendo din dan. Din dan, din dan... ¿Y no le inundaban a él su apartamento? Sí, se lo inundaba el cielo cuando llovía, por las goteras del techo, que era el del edificio y estaba vuelto una coladera.

—Darío, mandá a coger esas goteras.

—¡No las agarra nadie! —decía. Que dizque el que subiera a agarrar las goteras le rompía las tejas.

—La teja de tu cabeza, irresponsable, cabrón, que la tenés corrida.

El techo del apartamento de Darío, capitel de su edificio, corona etérea de Bogotá junto a las nubes del cerro de Monserrate desde donde Cristo Rey preside, era una coladera. Una solemne, una irredenta coladera que tras la lluvia le cagaban las palomas.

¡Y esa puerta, por Dios, esa puerta con triple llave! Le daba el sol de la tarde y aunque era metálica la hinchaba y no había forma de abrirla. Esperaba él entonces afuera una hora, dos horas, tres horas a que se enfriara y se deshinchara. O bien iba hasta la tienda de dos cuadras abajo (con los vecinos no podía contar porque ni le hablaban) a que le prestaran un balde con agua. Subía de regreso las dos cuadras, los cinco pisos con el balde, y a baldazos de agua le enfriaba a la puerta su hinchazón. Entonces ya se podía abrir. ¿Abrir? ¿Con qué llave? ¡Se le perdieron las llaves en la bajada!

Y si a veces no podía entrar por el recalentamiento de la puerta y se quedaba afuera, por el mismo recalentamiento de la misma puerta a veces no podía salir y se quedaba adentro. Entonces se le perdían las llaves adentro y entraba en un estado de desesperación.

—¡Dónde están las putas llaves! —gritaba desesperado—. Se las llevó ese atracadorcito que durmió aquí con vos anoche.

—No fue conmigo, fue con vos y ahí están —replicaba yo y le señalaba el llavero sobre un arrume de papeles y basura.

—¡Ah! —exclamaba el desquiciado con resoplido de alivio.

Cuando yo venía a Bogotá a visitarlo, a constatar con mis propios ojos su recuperación y sus progresos, prefería irme a dormir bajo un puente o en una alcantarilla.

De sus hazañas, sus estropicios, al final de su vida sólo me llegaban los ecos. Que tu hermano hizo esto, lo otro, y se reían para no irme a ofender. Yo simplemente, y desde hacía mucho, cuando notaba que Darío empezaba a desvariar me perdía. Ya sabía que venía en camino el monstruo, el tornado, ¡y ojos que me volvieron a ver! ¿Y si por dejarlo solo en ese estado lo mataban los atracadores de la calle, el ejército, la guerrilla, la policía?

—Que lo maten, yo pago el entierro.

A esa conclusión llegué yo, llegamos todos, y antes que todos mi pobre padre que era el mismo suyo, que le perdió la paciencia y que le dejó de hablar.

Tan mal se le llegaron a poner las cosas a Darío por causa de sus salidas de órbita que él mismo un día, motu proprio, se planteó el dilema de qué vicio dejar, si el aguardiente o la marihuana. Y su decisión fue: ninguno. Y para refrendar sus firmes propósitos agarró el vicio de moda, el de los jovencitos, el basuco o cocaína fumada, que "acaba hasta con el nido de la perra" como decía mi abuela, pero con el verbo en plural y a propósito de sus ciento cincuenta nietos.

Y con el basuco descubrió a los basuqueritos, de los que tenía un kindergarten vicioso. Alguno me llegó a ofrecer en alguna de mis visitas, pero yo se los rechacé porque dizque yo dizque no me acostaba dizque con cadáveres. ¡Mentiras! Yo no tengo nada en contra de los muertos muertos mientras estén fresquecitos. Me hacen incluso más ilusión que los vivos vivos, que son tan voluntariosos. Se los rechazaba simplemente por darle un ejemplo de entereza, de fuerza de voluntad.

—Darío, hermano —le suplicaba—, uno tiene que escoger en la vida lo que quiere ser, si marihuano o borracho o basuquero o marica o qué. Pero todo junto no se puede. No lo tolera el cuerpo ni la sufrida sociedad. Así que decidite por uno y basta.

Jamás se pudo decidir. Vicio que agarraba, vicio que conservaba. Todo lo que tuvo se lo gastó y nada les dejó a los gusanos. Todo, todo, todo y nada, nada, nada. Cuando Darío se murió, la Muerte y sus gusanos mierda hubieron de comer porque lo único que les dejó fue un mísero saco de huesos envueltos en un pergamino manchado.

—¡Qué gusto me da ver a los dos hermanitos juntos y que se quieran! —dijo desde arriba la Loca asomándose por una ventana.

Era un saludo indirecto para mí, su primogénito, el recién llegado que ni la determinaba pues desde que papi se murió la había enterrado con él, como a una fiel esposa hindú. ¡Hermanitos! ¡Que se quieran! Como si durante medio siglo el espíritu disociador de esta santa no hubiera hecho cuanto pudo por separarnos, a Darío de mí, a mí de Darío, a unos de otros, a todos de todos ensuciando cocinas, traspapelando papeles, pariendo hijos, desordenando cuartos, desbarajustando, mandando, hijueputiando, según la ley del caos de su infiernito donde reinaba como la reina madre, la abeja zángana, la paridora reina de la colmena alimentada de jalea real.

¡Hermanitos! Unas piltrafas de viejos querrás decir, bestia. Y miré hacia arriba, hacia la planta alta donde estaba la bestia. Asomada estaba a la ventana de la biblioteca que daba al jardín, atalayando al mundo: desde hacía quince o veinte años no bajaba la escalera para no tener que volverla a subir. Unos meses atrás, desde su elevado puesto de observación, vio cómo se llevaban los sepultureros el cadáver de su marido, su sirvienta, que se le iba a contar el polvo del infinito. Cuánto, todavía, le quedará de vida, calculé, y aparté de ella mi mirada. Pero mi Señora Muerte no estaba arriba. Estaba abajo, junto a la hamaca de mi hermano.

Punto y aparte y sigamos. O mejor dicho volvamos, retrocedamos a los vicios que me estoy saltando el principal: el vicio de los vicios, el vicio máximo, el vicio continuo de estar vivos, del que todos algún día nos vamos a curar y hasta el mismísimo Papa. A ver cuántos asisten a su entierro, Su Santidad, cuántos entre curas, obispos y cardenales, guardia suiza y pueblo vil. Al mío quiero que vengan, quiero que vuelvan esa bandada de loros que pasaba volando, rasgando de verde el azul del cielo, sobre la finca de mi niñez y mis abuelos, Santa Anita, y gritando en coro, con una sola voz burlona: "¡Viva el gran partido liberal, abajo godos hijueputas!" Godos, o sea conservadores, camanduleros, rezanderos, en tanto los liberales éramos nosotros: los rebeldes y las putas. ¡Uy, cuánto hace que se acabó todo eso, que se quemó la pólvora! De los dos partidos que dividieron a Colombia en azul y rojo con un tajo de machete no quedan sino los muertos, algunos sin cabeza y otros sin contar. Cadáveres decapitados de conservadores y liberales bajaban por los ríos de la patria tripulados por gallinazos que en su viaje de bajada a los infiernos, de ociosos, por matar el tiempo a falta de alguien más, sin distingos doctrinarios, de partido, les iban sacando a azules y a rojos a picotazos las tripas. Y no había vivo que se les midiera a esos ríos, capaz de meterse en ellos a sacar a los muertos. Ésos de mi niñez sí que eran ríos. ¡Qué Cauca! ¡Qué Magdalena! Ríos de furia, torrentosos, que tenían el alma limpia y se hacían respetar. No como estos arroyitos mariconcitos de hoy día con alma de alcantarilla. ¡Cuánto hace que el Cauca y el Magdalena se secaron, se murieron, los mataron con la tala de árboles y los borraron del mapa, como piensan que me van a borrar a mí pero se equivocan, porque si los ríos pasan la palabra queda!

Estaban pues los dos hermanitos juntos, conversando, en la hamaca que colgaba del mango y del ciruelo en el jardín, bajo una sábana blanca que los protegía del sol del cielo, y con la Muerte al lado, para la que no existe protección. ¿O sí? ¿Un condón? Póngaselo entonces cuando comulgue, en la lengua, no le vaya a contagiar el santo cura un sida con los dedos al ir repartiendo de boca en boca al Cordero. Se iban abriendo bocas e iban saliendo lenguas en el comulgatorio de la iglesita del Sufragio de mis recuerdos, como se iban abriendo braguetas e iban saliendo sexos en el orinal del burdel. Lenguas y sexos estúpidos que después volvían a entrar saciados, y se cerraban bocas y braguetas. Saliendo de la iglesita que dije de comulgar en paz (allá en los tiempos idílicos de mi niñez remota cuando éramos pocos en esta ciudad y este mundo), a nuestro vecino Arturo Morales, vendedor de los Seguros Patria, se lo despachó al otro toldo un carro borracho.

—¿Sí te acordás, Darío?

Claro que se acordaba. Darío compartía conmigo todo: los muchachos, los recuerdos. Nadie tuvo en la cabeza tantos recuerdos compartidos conmigo como él.

—¡Seguritos de vida, hombre! Lo único seguro, Darío, es la muerte. ¿Qué querés comer?

—Quiero caviar.

¡Caviar en el trópico!

—¿Y no se te antoja el caviar con un poquito de salmón ahumado?

Que sí, que se le antojaba.

—No hay. En esta casa no hay ni frijoles.

Al final de su vida a Darío le entraban antojos de embarazada. Quería lo uno, lo otro, lo imposible. Creo que porque sabía que ya se iba a morir. Yo me iba al centro de Medellín a ver qué le conseguía: tamales, buñuelos. Pero los tamales y los buñuelos le alborotaban la diarrea. Nada le caía bien, Darío se me estaba muriendo. Entonces sin diferir más el asunto resolví darle con agua bendita la sulfaguanidina de las vacas. Con esto lo mato o lo salvo, pensé. Ni lo maté ni lo salvé. La sulfaguanidina le funcionó una semana y después volvió la diarrea de antes, la que le había mandado en su bondad eterna Dios.

La dosis de la sulfaguanidina la calculé por el peso: ¿Si a una vaca de quinientos kilos se le da tanto, cuánto hay que darle a un cadáver de treinta? Tanto.

Y eso le di, dos o tres veces al día. El resultado inicial fue prodigioso: la diarrea se cortó. ¡Después de meses y meses y de que no se la detuviera nadie!

—¡Se los dije, se los dije! —les decía yo triunfante, atropellando el idioma (no es "los" sino "lo" porque lo que dije es singular así se lo haya dicho a muchos y Colombia país de gramáticos).

No lo podían creer. ¿Era ciencia pura, o cosa de Mandinga? En su agradecido asombro mi hermano Carlos convocó una comisión de médicos, que vinieron a mi casa a constatar el milagro.

—Eminentísimos doctores: Como ustedes saben (qué van a saber estas bestias que llaman al feto "el producto", como si las madres fueran unas fábricas de juguetes) la diarrea del sida la causa el virus mismo de la enfermedad, para el cual no hay remedio, o bien la criptosporidiosis, una de sus secuelas, para la que tampoco lo hay. Cuanto antibiótico y antiparasitario se han probado para combatir el criptosporidium en el hombre han fracasado. La sulfaguanidina aún no se ha probado en él porque es un remedio para los bovinos, y el hombre es un animal superior. He aquí la prueba de que también sirve en la humana especie: tres meses de diarrea imparable y vean ahora.

—A ver Darío, levantá un brazo. El otro —como si lo que tuviera fuera el mal de Parkinson—. Sacá la lengua. Volvela a meter.

Y los cinco médicos atónitos, examinando a Darío, examinándome a mí. Acostumbrados a no curar, a ver morir, iban sus miradas incrédulas del uno al otro con el rabo entre las patas. Que si yo era médico.

—Como si lo fuera, doctor. Saco un tapete persa a la calle y receto.

Que bueno, que quién sabe, que habría que ver. Que la curación de un paciente no pasaba de ser "un caso anecdótico", que eso no era ciencia. Ciencia era, para empezar, mil pacientes cuando menos con diarrea y sida enrolados en un protocolo de "double blind" o doble ciego.

—¡Para doble ciego yo, doctor, que tengo las dos córneas transplantadas de sicarios y veo por todas partes policías y alucino con que mato médicos!

Mi profunda convicción de que la sulfaguanidina servía para la criptosporidiosis del sida y mi éxito fulminante en el caso de mi hermano se chocaban contra una coraza de escepticismo y mezquindad. La caterva de charlatanes doctorados se negaba a aceptar que viniera a desbancarlos un sabio sin diploma: yo.

—¡Ajá, conque usted es de los que sacan alfombra persa a la calle! —me decía uno de los cinco cabrones, el muy irónico.

—Así es doctor, usted lo ha dicho. Y cuando su señora necesite, cuando le peguen una sífilis o una gonorrea, que me busque y le receto.

A mí los médicos me detestan, no sé por qué. Tal vez porque les hago pasar examen y les quiero hacer revalidar el título.

—El criptosporidium, doctor —les pregunto como quien no quiere la cosa, como cualquier cristiano doble ciego acostumbrado al acto de fe—, ¿es una bacteria?

—¡Claro!

—No, claro no: es un protozoario. Vale decir cien mil veces más grandecito. Tan grandecito que uno le puede reventar la panza a cuchilladas.

A don Roberto Pineda Duque, mi profesor de armonía, que era sordo como Beethoven pero también del alma, también yo de niño lo examinaba:

—A ver don Roberto, cierre los ojos y dígame qué nota es ésta—. Y le tocaba un re.

—Es do.

—No don Roberto, es re.

—Ha de estar desafinado el armonio.

El desafinado era él, su alma. Fue autor de diez sinfonías, cinco poemas sinfónicos, misas solemnes, caprichos, conciertos para violín y piano, sonatas, tocatas, tronatas. Pero su obra máxima era la cantata "Œdipus Rex" (Edipo Rey), obra suprema, summa cum laude, de lo que no hay, para orquesta berlioziana y coro de ciento cincuenta voces cada cual por su lado, con su tema polifónicamente hablando, y en la que Edipo compite en ceguera con don Roberto en sordera. Cuando don Roberto se murió le hicieron en su pueblo de Santuario un homenaje, ¿y saben qué le tocaron? ¡El Réquiem de Mozart le tocaron! ¡Como si al Ingres mexicano José Luis Cuevas se le metieran los ladrones a su casa y en vez de llevársele sus cuadros le robaran un Botero!

—Para mí, Darío —le decía (idos la caterva de sabios y vueltos él y yo a la soledad de la hamaca)— que ese sida tuyo te lo pegaron los curas. Hacé memoria a ver si no te metiste a alguna iglesia de ocioso a comulgar.

Que no, que hacía una eternidad que no se paraba por esos santos lugares.

—Tomáte entonces este caldito caliente de pollo con pollito deshebrado.

Y le acercaba un banco, donde yo había puesto el caldo apetitoso, humeante, como para revivir cadáveres. Se tomaba dos o tres cucharadas que yo le daba con la mano en la boca como a un bebé pues él, por su extenuación, no podía ni sostener una taza. Tres cucharadas a lo sumo se tomaba y eso era todo, que ya no quería más. Le daba a continuación vitaminas, hormonas, árnica, lo que fuera, cafiaspirina, nada servía. Entonces, encomendándoselo a Dios y como último recurso, me ponía a armarle un cigarrillo de marihuana a ver si la humosa yerba le devolvía el apetito.

—Así no, chambón —me decía y me lo quitaba.

Desarmaba el cigarro que yo torpemente le había armado y lo volvía a enrolar a su modo, con una habilidad y una rapidez pasmosas, como de cajero de banco contando millones.

—Así, aprendé —me decía.

¿De dónde sacaba tanta vitalidad repentina si hacía un instante no podía ni sostener una taza? Unas cuantas chupadas le daba al cigarrillo panzón, indecente, y me lo ofrecía.

—No, me turba la conciencia que hoy me amaneció limpia.

Limpia como el cielo de Bogotá cuando llueve, ¿te acordás, Darío? Nunca más habría de volver a Bogotá. Poco después habría de morir en esa casa de Medellín, en uno de los cuartos de arriba, arriba de ese patio. Lo que no sé es en cuál de todos murió, atiborrado de morfina. Yo para entonces ya no estaba, me había ido de esa casa, de esa ciudad, de este mundo rumbo a las galaxias para no volver.

La marihuana, como dije, le devolvía el apetito, pero cada vez menos y menos. Y un día, cuando las cosas no podían estar peor y la diarrea le había vuelto porque la sulfaguanidina había fracasado (¡cómo no iba a fracasar con la sal que nos echaron los médicos!), me salió con que dejaba la marihuana, con que ya no volvería a fumar más.

—Por Dios, Darío —le rogaba—, te supliqué una vida que dejaras ese vicio estúpido y nunca me hiciste caso, y ahora que necesito que no lo dejes me sales con esto. ¡No hay nada más para abrirte el apetito, entiende! ¡Nada, nada, nada!

Y en mi desesperación a los gritos mandaba de un trancazo el caldo de pollo o de lo que fuera al diablo. Se rió. Y la risa le iluminó la cara, lo que quedaba de la cara. Nunca pensé que pudiera reírse la Muerte. Ahí estaba, la Muerte, riéndose, en la hamaca, compenetrándose de él.

Mi hermano era el principio mismo de la contradicción. Este principio, tan difundido entre los humanos y en especial entre los Rendones, de donde viene la Loca, encarnó en él en toda su pureza. Haga de cuenta usted una esmeraldita verde, verde, pura,

pura, sin jardín, de esas que se producen en el país de la coca.

—¡A mí no me maneja nadie! —gritaba destruyendo sillas, mesas, casas, enloquecido, poseído por el espíritu del tornado, que en Colombia ni los hay.

—Nadie te quiere manejar, Darío —le decíamos suavecito, tratando de apaciguarlo.

—¿O es que acaso sos un carro, un tractor? —agregaba yo de imprudente.

—¡No soy un tractor ni un carro! —gritaba enfurecido—. ¡Yo soy la puta mierda!

Y dándose cuerda a sí mismo agarraba vuelo el tornado.

Sin marihuana ni aguardiente era dócil, adorable, como una ramita de palma un Domingo de Ramos. Sólo que sin marihuana y aguardiente no era él, era otro: su Ángel de la Guarda, efímero, volátil, pasajero. Andaba por las selvas del Amazonas o los campos de la Sabana hinchado de humo, todo ventiado, y con una botellita de aguardiente atrás, una media, en el bolsillo trasero, en tanto en una mochila llevaba más, de reserva, por si la de atrás se le evaporaba. Compraba medias por optimismo, para no irse a enviciar con el número entero. De media en media se las iba tomando todas su Ángel de la Guarda, y donde empezamos con un doctor Jeckyll acabamos con un mister Hyde.

—¿Un traguito? —me ofrecía.

—No Darío, a mí el aguardiente me causa vómito con ese saborcito de anís. Me sabe a borracho, a asesino, a Colombia.

Y se lo rechazaba. La complicidad que existió entre nosotros cuando teníamos veinte años hacía mucho que se había acabado. Y ni sé cómo se acabó. Será la vida, que acaba con todo.

¡Ay los Rendones, lo que nos han hecho sufrir, en primero y segundo grado! Los Rendones son locos. Locos e imbéciles. Imbéciles e irascibles. Pese a lo cual andan sueltos en un país de leyes donde no existe una ley que les impida reproducirse. En legislación genética aquí andamos en pleno libertinaje, en pañales. Yo calculo que entre los cien mil genes del Homo sapiens, en los Rendones hay cuando menos mil quinientos desajustados, y tienen que ver con el cerebro. Un ejemplo: mi primo hermano Gonzalito, Gonzalito Rendón Rendón, una furia. El "ito" lo perdió hace mucho, pero así lo sigo recordando yo, de niño, poseído por la demencia cósmica cuando le decían "Mayiya".

—¡Mayiya! —le gritábamos—. ¡Mayiya brava!

Y emprendía veloz carrera el niño por el corredor de la finca Santa Anita a darse de cabezazos contra el piso, cerca de unas atónitas azáleas. ¡Tan! ¡Tan! ¡Tan! contra las duras, frías baldosas.

¿Por qué semejante berrinche, semejante escándalo tan desmedido por tan poca cosa? ¿Qué le molestaba del apodo cariñoso? ¿La "a" del femenino? Pero "Sasha" es nombre de hombre en ruso y termina en "a", y porque le digan a un rusito "Sasha" no se va a romper la crisma a topetazos. ¿Con diminutivo también? Entonces, por experimentar:

—¡Mayiyita! ¡Mayiyita brava!

El efecto del diminutivo era que le centuplicaba la iracundia. ¡Tan! ¡Tan! ¡Tan! ¡Tan! ¡Tan! ¡Tan! ¡Tan! Y esa furia de cuatro años retomaba in crescendo su beethoveniano redoble de timbales con la cabeza. Retumbaba el mundo.

Como su rabia impotente de niño no podía alcanzarnos (con un cuchillo de carnicero, por ejemplo, para degollarnos), cual alacrán que al verse cercado por el fuego vuelve la cola contra sí mismo y la ley de Dios y se clava la ponzoña, así Gonzalito Rendón Rendón se partía contra el embaldosado duro y frío de Santa Anita la cabeza, su cabecita dura, dura, loca, loca. Entonces le gritábamos:

—¡Alacrán Mayiya!

¡Y vuelta al beethoveniano redoble de timbales en apoteosis! Le salían en la frente unos tremendos chichones como de marido engañado.

—¡Mayiya cornuda!

Entonces le empezaba a chorrear por la boca babaza verde. He ahí el retrato de un Rendón en plena acción. Por lo que a mí respecta y hasta donde yo recuerde, yo jamás, jamás, jamás de los jamases me he dado de topes contra el piso con la cabeza. Será porque tengo el Rendón en segundo término, diluido.

Otro ejemplo de Rendones: mi tío materno Argemiro, que engendró en una sola santa mujer treinta y nueve vástagos reproductores: mellizos, trillizos, cuatrillizos... En cada parto se ganaba una lotería, en hijos. ¡Y cómo no en un planeta despoblado donde lo que falta es gente!

—Uno, dos, tres, cuatro, cinco —iba contando Argemiro a medida que iban saliendo de su mujer los quintillizos o quíntuples, como usted prefiera, pues en esto hay discrepancia en el idioma.

Era un alma de Dios. Un alma furiosa de Dios. En plena noche, cuando todos dormían, el monstruo que había en él se levantaba y acometía las puertas a patadas. ¡Tan! ¡Tan! ¡Tan! sonaban como truenos los trancazos. Y cuando los pobres treinta y cinco niños y su mujer se despertaban aterrados, con el corazón en vilo, entonces Argemiro gritaba:

—¡Pa que sepan que aquí estoy yo!

Las puertas de la casa de Argemiro estaban todas rotas, desastilladas, a la altura de la rabia de su pata.

Hermana de esta furia es la Loca de que aquí tratamos, una mujer impredecible, mandona, irascible, que nos hijueputiaba.

—¡Hijueputas! —nos decía en el colmo de la desesperación de su rabia.

Decirles "hijueputas" a los propios hijos, ¿no se les hace el do de pecho de una madre? Cualquier mujer medianamente equilibrada sabría que se le volvería contra ella el bumerang. Ah, si hubiéramos tenido ese "medianamente" por lo menos, alguno de esos adverbios en "mente" tan tranquilizadores, pero no.

Permítaseme dar marcha atrás un poquito para volver a un remanso, a la semanita durante la cual la sulfaguanidina funcionó y yo me relamía los labios saboreándome el triunfo. Empezaba mi día así:

ayudando a bajar a Darío de su cuarto al jardín, por la escalera posterior de la casa (muy empinada), de escalón en escalón, sosteniéndolo no se me fuera a desbarajustar o a caer. Y nos instalábamos en la placidez de la hamaca. Bueno, él en la hamaca y yo en una silla con una mesita auxiliar al lado, sobre la que desplegaba la marihuana, que iba limpiando de semillas que iba tirando al jardín.

—Si viene la policía a buscarnos aquí, se van a encontrar una selva —le decía a Darío mientras seguía limpiando, concentrado.

Una selva, sí, de esas planticas verdes, impúdicas, de hojitas dentadas, lanceoladas. ¿Pero por qué habría de venir la policía a buscarnos?

—Bueno, digo, por decir. Por este complejo de culpa que mantengo desde que aterricé en este mundo. Porque no hay inocentes, Darío, porque todos somos culpables.

Y he ahí una diferencia fundamental entre él y yo. Que yo tenía vagos remordimientos de conciencia y él ninguno. ¡Como no tenía conciencia! Simplemente no se pueden tener remordimientos de conciencia cuando no hay conciencia. Se necesita materia agente. Darío era un in-conciente desaforado. Desde hacía mucho que tiró ese estorbo a la vera del camino, volando su Studebaker destartalado de bache en bache entre nubes de polvo, mientras a los lados de la carreterita torcida, torcida como sus intenciones, saltaban pollos y mujeres embarazadas a un charco.

—¿Estripamos a esa vieja, o qué?

—Parece que sí, parece que no. El polvo no dejó ver. Sigamos.

Y seguíamos como pasamos, volando, volando, volando.

—¿Sí te acordás, Darío?

¡Claro que se acordaba! Por eso puedo decir aquí que si el muerto hubiera sido yo en vez de él no se habría perdido nada, porque la mitad de mis recuerdos, los mejores, eran suyos, los más hermosos. La manía contra las embarazadas era mía, pero como si fuera suya porque si yo veía una y le decía: "Acelerá, Darío, a ver si la agarrás", él aceleraba a ver si la agarraba.

La inconciencia o no conciencia es condición sine qua non para la felicidad. No se puede ser feliz sufriendo por el prójimo. Que sufra el Papa, que para eso está: bien comido, bien servido, bien bebido, y entre guardias suizos bellísimos y obras de arte, con Miguel Ángel encima, en el techo, arriba del baldaquín de la cama. ¡Así quién no! ¿Por qué en vez de esta manía por la presidencia no nos ha dado a todos en Colombia por ser Papas?

—Fumá más, Darío, más. Saciate de humo y si querés delirar, delirá que yo te sigo hasta donde sea, hasta donde pueda, hasta el fondo del barranco donde empiezan los infiernos.

Y la verdad le decía: hasta el fondo de un barranco ya lo había seguido, en el Studebaker, una noche en que se le cansó la mano al dar una curva. Pero hasta el infierno aún no, y él ahí está y yo aquí en el curso de esta línea, salvando a la desesperada una mísera trama de recuerdos.

El examen para ver si portábamos en el torrente sanguíneo, entre tanta vitalidad desviada, el bichito solapado del sida nos lo hicimos juntos la víspera de uno de mis viajes a México, uno de tantos que he hecho entre el país de la coca y el país de la mentira, y en los que se debate desde hace mucho mi vida, de aquí para allá, de allá para acá, como pelota de ping-pong, yendo y viniendo, jugando contra sí mismo mi destino. Nos lo hicimos y yo partí y se me olvidó el asunto. Recuerdo que como tantas otras veces él me acompañó al aeropuerto.

—Juicio, ¿eh? —me dijo o le dije al despedirnos, él a mí o yo a él, ¡qué más da si de todos modos no íbamos a hacernos caso! Mientras una belleza furibunda a mí me trataba de acuchillar aquí, una belleza furibunda a él lo trataba de acuchillar allá.

Lo de la belleza mía fue así: desnudo y en plena erección, se levantó de la cama el angelito y de la mochila en que traía dizque el uniforme del gimnasio sacó un cuchillo feo, filudo, furioso, de carnicero. Yo me abalancé sobre mi ropa y con ella salí del cuarto y tratándome de vestir (a la carrera no me fuera a sorprender el lector en semejante facha) bajé a tumbos la escalera. Y él a tumbos detrás de mí, terriblemente excitado y blandiendo el vulgar cuchillo. Así pasamos por la recepción del hotel y yo salí a la calle a medio vestir. Él se detuvo en el portón, frenado en seco por la luz del día. ¡Cómo no le tomé una foto ahí, en esa pose, así, con las dos armas en ristre, desnudas, desenvainadas, para mandársela a César Gaviria a la OEA! .

Lo de la belleza de Darío fue más grave porque la cuchillada que la belleza le mandó casi le llega al corazón: se la detuvo el esternón o una costilla. ¿Que cómo me enteré? Van a ver. Íbamos por la Carrera Séptima de Bogotá, en un regreso mío posterior al que acabo de contar, cuando al llegar a la Terraza Pasteur, conseguidero de soldados y malvivientes, parada obligada diaria en nuestro diario vía crucis, nos tropezamos con su belleza. Y que le dice Darío:

—Me quisiste matar, hijueputa.

El muchacho bajó la mirada y le dio a mi hermano esta explicación enternecedora: que la marihuana que le dio esa vez Darío le trastornó la cabeza, dizque porque llevaba un año en el ejército sin fumar. Como quien dice pues, digo yo ahora, fue por un simple rebote del síndrome de abstinencia.

—Ah... —comentó simplemente Darío y yo abrí la boca.

Continuando nuestro camino me contó Darío que el muchacho solía de vez en cuando irse con él al cielo entre una nube de marihuana en su apartamento, y que todo había marchado bien hasta esa ocasión en que después de un año de no verse y de no probar el pobrecito la inefable, al volverla a probar se enloqueció, y tomando el cuchillo de la cocina, de la cocina de su propia víctima, el asesino se lo quiso despachar tal cual estaban, desnudos ambos en cuerpo y alma. Tras la cuchillada fallida Darío, que por entonces iba al gimnasio y se hallaba en inmejorable forma, lo pudo dominar, le quitó el cuchillo y lo sacó en pelota a la escalera. Después por la ventana

que daba a la calle le tiró la ropa. En plena calle, en
pleno barrio de La Perseverancia que miraba, se vistió el angelito, con ese pelito suyo cortado casi al rape
de los soldados que me encanta, o mejor dicho me
encantaba, nos encantaba, in illo tempore.

—¿Ves aquí, cerca al corazón?

Y abriéndose la camisa me mostró Darío la
cicatriz del cuchillazo.

—No hagás caso Darío —le dije— que ésas
son cosas efímeras, bobadas y olvidate que la vida es
así, no nos deja sino cicatrices.

Además, digo yo ahora, ¡para eso está la caja
torácica!

Al día siguiente al del atentado le dieron los
resultados del análisis: sida.

Hacia las cinco de la mañana sonó el teléfono
y contesté, desde este lejano país ajeno: era él, para
explicarme que ya le habían entregado los resultados
del análisis.

—¿De cuál análisis? —le pregunté.

—Del del sida, del que nos hicimos, pendejo.

—Ah... —dije y entonces recordé que diez
días antes, en Bogotá, habíamos ido a un laboratorio a hacernos el análisis—. ¿Y qué resultó?

—El tuyo negativo, y el mío positivo.

En ese momento le pedí a Dios que el laboratorista se hubiera equivocado, que hubiera confundido los frascos, y que el resultado fuera al revés, el
mío positivo y el suyo negativo. Pero no, Dios no
existe, y en prueba el hecho de que él ya está muerto
y yo aquí siga recordándolo. Por lo demás, si el en-

fermo de sida hubiera sido yo y el sano él, juro por Dios que me oye que él me habría dado una patada en el culo y tirado a la calle. Así era mi hermano Darío: irresponsable a carta cabal.

Cuatro años han pasado desde el análisis, y hénos ahora aquí en este jardín de esta casa, en la placidez de esta hamaca rememorando, echándole cabeza a ver quién lo pudo contagiar, por el muy humano deseo de saber, de saber quién fue el que te mató. Descartada como fuente de contagio la comunión, quedaban los parias de la Terraza Pasteur de la Carrera Séptima de Bogotá, país Colombia, planeta Marte. ¿Pero cuál? ¿Cuál entre diez o mil o diez mil?

—¿Cuál, Darío, a ver? Echá cabeza a ver.

—Mmmm —me contestaba, con una "m" así cual la puse y con la cual quería decir: no sé.

¡Qué iba a saber este irresponsable! Se murió sin saber quién lo mató.

En cuanto a mí, a mí el sida no se me da, no se me pega porque el sida no entra por los ojos. Si no ya se habría acabado la humanidad.

¡Ay Darío, las cosas que me haces, morírteme en este momento tan delicado para mí! ¿No te habrías podido esperar un poquito?

No, Darío todo lo quería ya, en el instante, ipso facto.

Empiezo a escribir en forma tan arrevesada, cortando a machetazos los párrafos, separando sus frases, por culpa de Vargas Vila, por la influencia maldita de ese escritor colombiano del planeta Marte que escribía en salmodia, pero, cosa curiosa, no para echarle incienso a Dios sino para excitar al prójimo. Vargas Vila era un marica vergonzante, pese a lo cual sólo trató en sus libros de sexo con mujer. Un maromero. Un maromero invertido. Pero volvamos al jardín.

Hay en el jardín de mi ex casa una enredadera tupida que cubre dos muros. Cuando regresé a Colombia porque Darío se estaba muriendo le traía de México un remedio, una planta milagrosa proveniente del Brasil que aquí venden, escasísima, carísima, pero que lo cura todo y que se llama "uña de gato". Cura el cáncer, el sida, el lupus eritematoso sistémico y la corrupción oficial, que de hecho ya va cediendo. La venden picada y en capsulitas, y es más valiosa, en peso bruto, que la cocaína y el azafrán.

—¿Y esto qué es? —me preguntó Darío cuando le quise hacer tomar la primera capsulita.

—Uña de gato —le contesté, y le expliqué lo que costaba y sus virtudes curativas.

—Uña de gato es eso —y me señaló la tupida enredadera—. No sirve ni para alimentar ratones, que en esta casa se están muriendo de inanición.

—¡Ay Darío, lo que son las cosas, tan cerca uno del cielo y suspirando por él!

Entonces volvió a oír el "gruac gruac" del pájaro. Que si yo lo oía.

—No. Oigo afuera pitando carros.

—Prestá atención.

Pero por más atención que le prestaba al pájaro invisible yo no lo oía. Para mí además era mudo.

—Es imposible que no lo oigás. Es un sonido fuertísimo. Dice "gruac, gruac, gruac, gruac..."

—La verdad no lo oigo.

Entonces sin decir "agua va" se soltó el aguacero. Uno de esos aguaceros de Medellín, marcianos, en que llueven piedras. Allá las gotas son pedradas del cielo, y el granizo quiebra las tejas y descalabra al cristiano. Por eso existían antaño los aleros. Ya no más porque la humanidad avanza, y cuando la humanidad avanza retrocede. Ayudé a Darío a levantarse de la hamaca y me puse a recoger de prisa el tinglado. Al dar unos pasos para ir a resguardarse bajo techo Darío se cayó y no pudo levantarse. Tiré al suelo lo que tenía en la mano, unos platos, y corrí a auxiliarlo. No pesaba nada, se me estaba desapareciendo. De mi hermano Darío que me acompañó tantos años, que me ayudó a vivir, sólo quedaba el espíritu, un espíritu confuso. Y los huesos.

Cuatro años habían pasado entre el resultado del análisis y la situación presente. Pero el contagio según mis cálculos venía de más lejos, pues de tiempo atrás estaba perdiendo peso y por eso le hice hacerse el análisis. Un medicucho amigo suyo le había diagnosticado hipoglucemia, palabra que suena muy bien, muy sabia, pero la hipoglucemia como enfermedad no existe, sólo como un estado pasajero. Era sida en proceso lo que tenía mi hermano, y se lo habían contagiado vaya Dios a saber desde hacía cuánto.

—Para mí, Darío, que desde que te pegaron la sífilis.

—¿Cuál sífilis?

—La que yo te curé.

—No me acuerdo.

—Yo sí me acuerdo. Aquí tengo en la computadora del coconut archivado todo tu expediente, el sumario. Con la sífilis entró el sida, fue una infección mixta la tuya, promiscua, por una desaforada promiscuidad. Pero bueno, no te lo estoy reprochando, simplemente estoy comentando. Por interés científico.

Puro cuento. A mí la ciencia me importa un comino. Si con ciencia o sin ciencia nos vamos a morir... Qué más dan dos o tres o cuatro años de más... Qué bueno que Darío se murió y se escapó del recalentamiento planetario.

Que Darío estaba en excelente forma cuando el soldado lo quiso matar, según dije atrás, es un decir o mera aproximación a los hechos. Ya había empezado a perder peso, y por eso iba al gimnasio. Y estaba perdiendo peso no por ninguna hipoglucemia sino por el sida. En él ésa fue la primera manifestación de la enfermedad. Después quien lo hubiera dejado de ver unos meses y se lo volviera a encontrar le notaba un indefinible cambio en la cara. Un color como de ceniza o cobrizo. ¡El tinte de la muerte! Una vieja gorda y mala conocida nuestra con quien una vez nos tropezamos en un ascensor, entrando ella y saliendo nosotros, lo saludó con estas exactísimas y textuales palabras que me acompañarán por lo visto hasta la tumba:

—¡Darío, qué te pasó!

¡Le pasó que se estaba muriendo de sida, pendeja!

Y lo mismo y con aproximadas palabras se preguntaban en mi casa:

—¿Qué le pasa a Darío que está tan flaco? —me preguntaba la Loca.

—La marihuana, que no lo deja engordar —respondía yo.

—¿Y por qué no la deja?

—Es más fácil que papi te deje a vos. Es otro matrimonio de por vida, otro infierno.

Y dije bien. El matrimonio entre mi padre y la Loca era un infierno, aunque disfrazado de cielo. Y aquí digo y sostengo y repito lo que siempre he dicho y sostenido y repetido, que el peor infierno es el que uno no logra detectar porque tiene vendados como bestia de carga los ojos. Papi tenía sobre los ojos un tapaojos grueso, negro, denso, que nunca le pude quitar.

—Dejá esa vieja y largate con una muchacha de veinte años. O con dos —le aconsejaba—. Yo te caso con ambas, yo te doy la bendición. Aquí te bendigo, padre, y que seas feliz y si no te sirven el par de putas cambialas que mujeres es de lo que hay en este mundo, y a cuál más mala.

Pero no, estaba ligado a ella por el grillete de una felicidad obnubilada. Un grillete que dizque se llamaba "amor". En cuanto a la Loca, aunque silenciosamente y no con palabras como a nosotros, sé que desde el fondo de su corazón envenenado, y Dios lo sabe porque Dios lo vio y aunque Dios no oye ve, vio, vio que desde el fondo de su corazón lo hijueputiaba. Perdón por la palabra, pero el castizo "hideputa" de Don Quijote vuelto "hijueputa" y su verbo es lo máximo de que dispone Colombia para insultar, para odiar. Colombia, país pobre rico en odio.

Yo no soy hijo de nadie. No reconozco la paternidad ni la maternidad de ninguno ni de ninguna. Yo soy hijo de mí mismo, de mi espíritu, pero como el espíritu es una elucubración de filósofos confundidores, entonces haga de cuenta usted un ventarrón, un ventarrón del campo que va por el terregal sin ton ni son ni rumbo levantando tierra y polvo y ahuyentando pollos. ¡Ay Vargas Vila, indito feo y rebelde y lujurioso, buen hijo de tu mamá pero apátrida, qué olvidado te tiene la desmemoriada Colombia! Pero si no es ella, ¿quién te va a recordar? Calmado el aguacero y el ventarrón del campo volvimos a instalar la hamaca y el parasol y reanudamos la conversación interrumpida. ¿En qué estábamos?

En la sífilis, en la bíblica sífilis, noble enfermedad de los abuelos. La de Maupassant, Pío Quinto, Baudelaire y tantos otros ilustrísimos de que con tanta propiedad trata el padre Acosta en su documentada monografía "Estragos del Mal Gálico". "Pío Quinto" es Pío Quinto Rengifo, ex gobernador de Antioquia, y digo "noble" no tanto por la calidad de los afectados (pues la mayoría eran bellacos, que son la mayoría en este mundo), sino por el comportamiento de su causa agente, la espiroqueta: después de medio siglo de estarle dando nosotros los médicos con penicilina en la testa, esta gentil bacteria sigue respondiendo a ella y a infinidad de antibióticos de la primera, segunda y tercera generación. No como otras bacterias malnacidas que desarrollan resistencia. La sífilis hoy, Darío, se cura con cualquier antibiótico para la gripa. Así infinidad de buenos cristianos que no han tenido más que gripa, pescada en misa, han sido sifilíticos sin saberlo. Tú tuviste suerte, hermano, porque a ese medicucho tuyo, al genio que te diagnosticó hipoglucemia, se le ocurrió mandarte a hacer la prueba del VDRL para la sífilis y te salió positiva; si no, jamás habrías tenido enfermedad de tanta prosapia. ¡Bailarina brillante en campo oscuro, espigada, lujuriosa, espiroqueta pálida, con tu ceñido vestido de plata y tu cuerpazo de mujer, qué bella te ves bailándome la danza de los siete velos e igual número de pecados capitales, retorciéndote como un tirabuzón bajo mi microscopio! ¡Ay, todo pasa, todo se acaba, todo cambia! Hoy la sífilis es una enfermedad inocua que no tiene más que carga semántica. Como la palabra "hijueputa" que dijo arriba la Loca. Al perro feroz se le cayeron los dientes.

—Y ahora, Darío, tomate por favor el caldito caliente que te traje, que hoy no has comido.

Un sorbito y eso era todo, que no quería más, que le sabía raro, que todo le olía a vaca, que tal vez por el remedio que le estaba dando.

—¿Dónde te huele a vaca?

—Aquí, en el jardín.

—Como no sea la que está instalada arriba y que nunca baja, en esta casa, Darío, no hay más vaca.

Eran sus alucinaciones olfativas, gustativas. El sida le estaba afectando el cerebro. Y el pájaro Gruac

Gruac era una alucinación auditiva. ¡Por lo menos no lo veía!

—¿Qué ves aquí, Darío?

—Un dedo.

—¿Y aquí?

—Dos.

—Muy bien.

De la vista seguía bien, aún no se la destruía el toxoplasma.

Salvo el enflaquecimiento y una que otra fiebre nocturna de las llamadas "de origen desconocido", el primer año de enfermedad de mi hermano (contado a partir del resultado positivo del análisis) transcurrió libre de síntomas, pasó en calma. Incluso, motu proprio, por fin, Darío dejó el aguardiente, y por indicaciones escritas mías no volvió a la selva ni a la sabana. "La naturaleza está llena de gérmenes peligrosos —le escribía—, para los que tarde o temprano no tendrás defensas. Quédate en Bogotá en la calma seca de tu apartamento. Mientras menos humedad menos riesgos". Lo felicitaba por haber sido capaz de dejar el aguardiente y le echaba la bendición. ¡Qué voluntad la de mi hermano, empezaba a creer en él! Claro, era explicable, la fuerza de voluntad la tenía intacta. ¡Nunca la había usado!

La intacta fuerza de voluntad por falta de uso previo se gastó en un año, exactito, como entran con exacta regularidad en Europa las estaciones. Para celebrar el aniversario, el milagro, Darío se tomó una media de aguardiente ¡y adiós Panchita! A la media siguió otra media y a la entera otra entera y ése fue el comienzo de su acabose. Yo digo que la voluntad es como el derecho, que se ejerce con la fuerza: por eso se llama "fuerza de voluntad", pero uno tiene que ejercerla desde chiquito. Si no, le coge a uno ventaja la pendiente y al fondo del rodadero va uno a dar.

El aguardiente se aprovechó pues de mi hermano viéndolo tan desforzado de voluntad. Débil del cuerpo, sin embargo, no estaba: era un roble seco. Y el roble seco se subía a pie sin paradas las cuatro cuadras de escalera del Planetario, la pendiente de la Veintisiete y los cinco pisos de su apartamento. Al llegar, sin que le faltara el aire, como si nada, se prendía un cigarrito de marihuana, un "vareto", que se escribe con "v" o con "b", aún no se sabe porque aún no lo ha aceptado la Academia.

—¡Qué sida voy a tener! —decía el cabrón tras de fumarse el vareto. Lo que tengo es sed.

Y se tomaba un aguardiente.

Tenía la misma sed de Darío, el poeta, en recuerdo del cual papi le puso el nombre sin imaginarse cuánto lo iba a emular: Rubén Darío. Cuando Darío fue de joven a Nicaragua con una delegación colombiana de agrónomos, que era lo que era él, a no sé qué, tuvo un éxito resonante, etílico: en semejante país, con semejante sed y semejante nombre... Nicaragua es un país de borrachos y de bueyes que se agota en Rubén Darío, el poeta. Darío en Nicaragua es Dios, como el Papa en el Vaticano. Van los bueyes de Nicaragua arando los algodonales o cargando en carretas por las carreteritas pacas de algodón, soltando motitas blancas que se van al cielo, y eso es todo lo que

sé de ese país amado porque Darío, mi hermano, me
lo contó. Algún día iré a Nicaragua a desandar sus
pasos, para poderme morir en paz.

Agarrada de nuevo la jarra yo también cedí:
¡para qué prohibirle que fuera a la Amazonia! Si no
lo mataban sobrio los bichitos de la selva, lo mataban borracho las fieras de Bogotá. Que fumara, que
tomara, que fornicara, que viviera que para eso estaba. ¡O qué! ¿Va a dejar uno de vivir por cuidar un
sida? La vida es un sida. Si no miren a los viejos: débi-
les, enclenques, inmunosuprimidos, con manchas
por todo el cuerpo y pelos en las orejas que les crecen y les crecen mientras se les encoge el pipí. Si eso
no es sida entonces yo no sé qué es.

—Viví, Darío. Fumá, tomá, pichá que la vi-
da es corta. La vida es para gastársela uno en el aquí
y ahora, dijo Horacio, dijo Ovidio, digo yo.

Así transcurrió el segundo año, según mis con-
sejos, según sus designios: desaforadamente. ¡Pero qué
desafuero! Con decirles que yo mismo me asusté y le
dije:

—Hermanito, basta, que ya estás más papista
que el Papa.

¿Basta? ¿Decirle "basta" a un huracán? El huracán para cuando se acaba.

Y como el segundo año el tercero y como el
tercero el cuarto: en un inmenso fulgor in crescendo.
¿Se diría el último resplandor de la llama? Sí, pero lo
diría usted porque yo no hablo con lugares comunes
tan pendejos. Y si a eso vamos Darío no fue una llama, fue un incendio.

Durante el tercer año sus dos más cercanos amigos, correligionarios de la hermandad de la yerba, se enteraron porque él les contó, les contó lo que antes sólo sabíamos él y yo. A partir de ese momento fuimos tres los cirineos que le ayudamos a Darío a cargar la cruz de su secreto. No por mucho tiempo es verdad, porque día con día su aspecto a voces lo delataba. Los últimos en enterarse fueron los de mi casa, en el último mes, cuando Darío regresó a morir. Un año antes había muerto papi, quien por lo tanto no lo supo. Y ése era el más inmenso terror entre los terrores y alucinaciones que acometían a mi hermano: que papi lo supiera. No lo supo. La muerte le llegó antes que la noticia. ¡Y papi que iniciaba el día leyendo El Colombiano, el periódico de Medellín, para estar enterado! Así suele suceder.

—Esmeraldas gotas de aceite, rubíes ojos de gato, zafiros, diamantes, decidme: ¿No habéis visto pasar por aquí a la siempreviva, la sempiterna, la Parca, en cuyas aguas de silencio deberían abrevarse estos presidentuchos de América, loritas gárrulas que hablan y hablan y hablan? ¿No? Pues entonces sigamos.

Y seguí buscando a la Muerte por todos los rincones de la casa hasta que la encontré atrás, abajo, en la escalera:

—Puta que te vas con todos, ¿cuándo te vas a llevar al Papa?

—¡Uf! Llevo más de doscientos treinta, perdí la cuenta.

—A éste, al actual, boba, a Wojtyla, alias Juan Pablo II, de solideo blanco y culo negro como su alma.

—En ésas andamos —me respondió con una sonrisita ecuménica.

—Pues apuráte que ya no me lo aguanto. Va, viene, sube, baja, sale, entra, se cree el loco Cristóforo.

Le di a mi madrina una palmadita en las nalgas, y siguiendo un fino hilito de humo que me iba guiando seguí rumbo a la hamaca del jardín. Allí estaba Darío, extendido, fumando, lanzando al aire caliente las volutas indecisas, azulosas, de cannabis. Las volutas se rompían y se alargaban en los hilitos insidiosos, que metiéndosele por las narices iban a entorpecerle la cabeza y el recto juicio a la Muerte.

—Ya no la dejás trabajar de lo enmarihuanada que la tenés. No sabe ni lo que hace. Pega aquí, pega allá dando palos de ciego, no discrimina. Descabeza cristianos, ateos, musulmanes y hasta al Gran Visir.

—¿De quién estás hablando, loco?

—No, de nadie.

Me gustaba que mi hermano me llamara "loco" transponiendo lo suyo a mí. Pero como "loco" es también el trato en Bogotá entre basuqueros, ¿no sería que Darío estaba fumando basuco? Y la duda infernal me entraba.

—No estarás fumando basuco, ¿o sí?

—¡Qué va! —me contestó, con un tono de simple marihuanero que disipó mis dudas.

Unos días después, sin embargo, cuando la sulfaguanidina fracasó y le volvió la diarrea y mi vida se convirtió en un infierno, me confesó que sí, que durante el último año lo había estado fumando.

—Te jodiste, hermano, te jodiste, la coca es inmunosupresora. Le has estado echando leña al incendio.

Fue sólo entonces cuando me enteré de lo del basuco, cocaína fumada. Pero ya no había nada que hacer, la Muerte acechaba afuera, bajo el dintel de su puerta, aguardando cualquier cambio de la brisa para entrar.

Al final, me cuentan sus amigos, se había vuelto egoísta, lo que nunca fue. Que escondía hasta la marihuana, que no vale nada. Entonces por asociación de ideas recordé la furia que le entró un día de esos últimos años (cuando el sida aún no le explotaba) a la simple mención del nombre de un conocido suyo que le había quitado un muchacho.

—Los muchachos, Darío —le increpé—, son un bien público, no propiedad privada. Que los tome el que quiera y los pueda pagar. ¡O qué! ¿De viejo te va a entrar la posesiva?

Que eran los dos, el muchacho y su ex amigo, unos hijueputas.

—Que se vayan, Darío, los hijueputas, cada quien con cada quien.

Con los años se le había agriado el genio. Cada día más y más se le expresaba un temperamento de Rendón, como si ése fuera su primer apellido. Y tras el mal carácter el retraimiento. Se había vuelto hosco, sombrío. Se estaban sumando en él los dos sidas, el del virus y el de la vejez. Pero volvamos al jardín, a los felices días en que la sulfaguanidina funcionaba y cuando yo no podía ni siquiera concebir que Darío se pudiera morir.

Estábamos conversando, de lo uno, de lo otro, de la infinidad de cosas que vivimos juntos y que para rememorarlas no nos alcanzaría la eternidad, cuando volvió el Gran Güevón de la calle y puso su equipo de sonido a lo que daba.

Ignorando su primer apellido (y el tercero y el cuarto y el quinto y el sexto y el enésimo y último) el Gran Güevón era Rendón Rendón Rendón Rendón. Todos los genes responsables de la imbecilidad rabiosa se habían dado en él sin atenuantes, sin que un solo alelo no Rendón enfrente contrarrestara al menos uno de ellos. No. Los alelos no Rendones estaban en él silenciados. El Gran Güevón era una piedra roma, un Rendón puro, un verdadero fenómeno de la genética. Y ahora, sin respetar que Darío y yo nos estábamos muriendo, prendía el loro infecto y lo ponía a tocar sambas. De lo primero que se apoderó fue de la sala, donde estaba el piano, y del estudio del órgano, que daba al jardín. Cuando papi se murió se siguió con la casa. En el estudio instaló el loro y una cosa que llaman "Internet".

—Decile Darío a ese engendro, vos que todavía le hablás, que ponga por lo menos el Réquiem de Mozart.

¡Qué Réquiem ni qué Mozart! No bien se lo dijeron y que prende dos parlantes más, atronadores. Los vidrios del comedor reverberaban a punto de tronarse como cuando cantaba Caruso en la Scala.

Detesto la samba. La samba es lo más feo que parió la tierra después de Wojtyla, el cura Papa, esta alimaña, gusano blanco viscoso, tortuoso, engañoso.

¡Ay, zapaticos blancos, mediecitas blancas, sotanita blanca, capita pluvial blanca, solideíto blanco! ¿No te da vergüenza, viejo marica, andar todo el tiempo travestido como si fueras a un desfile gay? En esas fachas te va a agarrar un día la Muerte. Las sambas del Gran Güevón envenenaban el aire y me enturbiaban el alma.

—Me voy. Vuelvo más tarde —le dije a Darío.

Y dejándolo en su etérea hamaca que flotaba en el humo de la cannabis salí a la calle.

Salí pues, como quien dice, del infierno de adentro al infierno de afuera: a Medellín, chiquero de Extremadura transplantado al planeta Marte.

A ver, a ver, a ver, ¿qué es lo que vemos? Estragos y más estragos y entre los estragos las cabras, la monstruoteca que se apoderó de mi ciudad. Nada dejaron, todo lo tumbaron, las calles, las plazas, las casas y en su lugar construyeron un Metro, un tren elevado que iba y venía de un extremo al otro del valle, en un ir y venir tan vacío, tan sin objeto, como el destino de los que lo hicieron. ¡Colombian people, I love you! Si no os reprodujerais como animales, oh pueblo, viviríais todos en el centro. ¡Raza tarada que tienes alma de periferia!

Bajo las altas estaciones del Metro y entre las ruinas, como islitas del silencio eterno quedaban en pie las iglesias. Pero cerradas. Cerradas no les fueran a robar el copón y la custodia y con la custodia el Santísimo expuesto. Expuesto al robo. Ni siquiera eso me dejaron, esos oasis de paz, frescos, callados, donde yo solía de muchacho refugiarme del estrépito y el calor de afuera y me ponía a escuchar reverente, en un recogimiento devoto, el silencio de Dios. No tenía pues ni ciudad ni casa, eran ajenas. Culpa del tiempo y de la proliferación de la raza. Al tiempo se lo perdono, qué remedio, pero no a esta paridera sin ton ni son que lo saca a uno del rincón de la perra y no le deja al cristiano un campito siquiera donde meterse a morir.

Por los días en que Darío se moría terminaron el Metro, de suerte que a mi regreso, después de diez años de gestación en la panza del presupuesto, ya volaba el gusano veloz, elevado, recién inaugurado, por sobre las ruinas de mis recuerdos. La gran ilusión de Darío, la última, era viajar en él. ¿Pero cómo iba a permitir yo que saliera, que saliera a exponerse a la conmiseración de la turba un cadáver, un Señor Caído, un Divino Rostro?

—No vale la pena, Darío, te lo aseguro, es un Metro cualquiera, rápido, feo —le decía tratando de disuadirlo—. Y en el estado en que estás no vas a poder subir su infinidad de escalones.

—Me suben ustedes cargado.

—Yo voy en tu representación, hermano, si me lo pedís. Yo me monto por vos en él.

—No. Yo quiero experimentar por mí mismo lo que es viajar en Metro en Medellín.

—Lo mismo que en Nueva York, ni más ni menos, hacé de cuenta el tramo elevado de Queens. ¿Sí te acordás de las fiestas que armábamos con Salvador en Queens, en su burdel de muchachos?

—Cerca de la estación Elmhurst Avenue.

—Exacto, cerca de la estación Elmhurst Avenue. Salíamos de esas fiestas de noche en plena nevada.

—Y los pasajeros del Metro se nos apartaban al oírnos hablar colombiano, no los fuéramos a atracar.

Claro que se acordaba, nos acordábamos, andábamos muy bien de la memoria, funcionándonos a todo vapor la locomotora, echando humo y arrastrando al tren. Y nos acordábamos de fulanito, de zutanito, de menganito, del Pájaro, el Gato, el Camello, el zoológico colombiano entero que vivía en Queens.

—¿Qué será del Pájaro?

—El Pájaro se murió, Darío, ya tiene musgo en la tumba.

—¡Cómo que se murió! ¿Quién te lo contó?

—Me lo contó Salvador, que ya también se murió.

—¡No te puedo creer que se murió Salvador!

—¡Cómo! ¿No sabías? ¿En qué mundo andás, hermano? Vos viviendo aquí y yo viviendo afuera y te tengo que enterar de los muertos.

Darío había vivido tan egoístamente que le importaban un comino los vivos y los muertos. Y ahora que se iba a morir empezaba a darse cuenta de que los vivos por más vivos que estemos al final nos morimos.

—Pero no te pongás triste, hermano, que hoy amaneció muy bonito, brillando el sol y cantando un pájaro. El pájaro Gruac. ¿Sí lo oís en esa rama?

Ahora era él el que no lo oía.

—Acordate entonces, pasando la última estación del Metro y terminando Queens, del Amazonas River Aquarium donde vendíamos pescaditos.

—Pirañas.

—Pirañas colombianas, las más fieras, que importábamos a los Estados Unidos de la Amazonia. Colombia produce las pirañas más bravas del mundo: se ven y se matan unas con otras como la población. En pirañas, Darío, no hay quien nos gane, ni siquiera el Brasil. Y decíle a esa piraña güevona que apague esas sambas.

—Es que está aprendiendo portugués después de que aprendió griego.

—¡Ya nos resultó un San Pablo políglota! ¿Y para decir qué?

Políglota el loro Fausto, el difunto, que en esta parra de este jardín de esta casa, hace años, siglos, berriaba como un bebé universal. Aprendió a berriar de Manuelito, que aprendió a leer de mí. Yo le enseñé. Y a mí la Loca, en una cartilla de frases tontas: "El enano bebe", "Amo a mi mamá". Manuelito, mi decimoquinto hermano (el último porque al Gran Güevón no lo cuento), era un tierno niño cuando aprendió a leer, y yo un muchacho apuesto cuando le enseñé: un mocito de una innegable belleza como dan testimonio las fotos. Con decirles que si hoy me lo encontrara en la calle lo invitaría a pecar. ¿Pero se iría él conmigo? Esos encuentros con uno mismo por sobre la brecha del tiempo a mí me asustan. En fin, iba la voz angelical de Manuelito silabeando las frases manuscritas que yo le escribía en una hoja blanca, impoluta, con una aplicación de su parte que hoy me parte el alma:

—"Dios-no-e-xis-te, pen-de-jo", "el-dra-gón-ca-ga-fue-go".

Verdades incontrovertibles de un valor permanente.

Y en lo anterior, por poco que se repare, se puede descubrir el gran secreto de las madres de Antioquia: paren al primer hijo, le limpian el culo, y lo entrenan para que les limpie el culo al segundo, al tercero, al cuarto, al quinto, al decimosexto, que encargándose exclusivamente de la reproducción ellas paren. Así procedió la Loca y yo, el primogénito, que no era mujer sino hombre, varón con pene, terminé de niñera de mis veinte hermanos mientras la devota se entregaba en cuerpo y alma, con la determinación del funicular que sube a Monserrate, a propagar su sacro molde por las galaxias no se fuera a perder: los ciento cincuenta genes de la mansa cordura del apellido Rendón. Ciento cincuenta según mis cálculos, ¿porque qué menos?

Yo lavaba, planchaba, barría, trapeaba, ordenaba, como si tuviera vagina y no pene, y lo que yo lavaba, planchaba, barría, trapeaba y ordenaba la Loca lo ensuciaba, arrugaba, empolvaba, empuercaba, desordenaba. Un closet, por ejemplo, o un ropero en el que yo iba metiendo sábanas, pantalones, camisas, fundas de almohada que le acababa de lavar y planchar. Llegaba la Loca de carrera a buscar unos calzones (suyos), e iba sacando fundas de almohada, camisas, pantalones, sábanas, que iba lanzando al aire adonde cayeran.

—¿Pero no ves, carajo, que las acabo de planchar y ordenar?

—¡Grññññ! —gruñía la tigra hembra.

—Fue la última vez, vieja hijueputa —le grité con la dulce y delicada palabra aprendida de ella.

Y fue porque cuando yo digo basta es basta. Pero después me arrepentí de haberme rebajado tanto, hasta su bajeza. Además Raquelita, mi abuela, la madre de la furia, era una santa y yo la quise de Medellín a Envigado, y de Envigado hasta el último confín de las galaxias. En Envigado estaba su finca Santa Anita, y por eso la pausita que hago en la medición.

¿Cómo un ángel puede concebir un demonio? A ver, dígame usted, Sherlock Holmes. Muy simple, mi querido Watson, es cuestión de genética. ¡Son los genes Rendón! Los genes Rendón que a veces se expresan y a veces se dan silenciados. Así por ejemplo mi abuelo materno Leonidas Rendón, causa mediata de estas desgracias, era un buen hombre. Loco y rabioso sí, pero en grado humano, y con un poquito de esfuerzo uno hasta lo podía querer. Tenía por consiguiente una parte de los ciento cincuenta genes Rendón silenciados. Pero la Loca casi todos prendidos, y el Gran Güevón todos sin excepción. No tuvo la mínima caridad para con nosotros el cielo y nos mandó estas dos pestes.

Catorce años tenía yo cuando el incidente que acabo de referir. Catorce sin que lo pueda olvidar, ¿pues qué esclavo olvida el día de su liberación?

Papi en cambio en sesenta no se pudo liberar: hoy está en el cielo y no lo volveré a ver pues los hombres libres caemos en plomada a los infiernos. ¿Y la Loca cuando se muera, adónde irá? ¿Al cielo? Entonces para papi el cielo se convertirá en un infierno. ¿Al infierno? Entonces, señor Satanás, hágame el favor de darme de alta que me voy p'al cielo porque un infierno al cuadrado no me lo aguanto yo.

Papi fue convertido en cómplice de esta insania perpetuadora porque la nuestra es una especie bisexual. Si no, la Loca habría sido una fábrica partenogénica.

Inactivada por la edad la máquina reproductora, para llamar la atención y que se ocuparan de ella la Loca se entregó a las enfermedades y a los médicos. ¡Y a hacerse operar! De un tobillo, de una rodilla, del otro, de la otra, del apéndice, las amígdalas, el útero, la cervix, la próstata, tuviera o no tuviera, de lo que fuera. Que las amígdalas, decía, no sirven y que lo que no sirve estorba, que hay que sacarlas. Y a sacarlas. Y que el apéndice ídem, igual. E ídem, igual.

—Y si de paso, doctor, me puede cortar un tramo del intestino grueso o del delgado, mejor, así le rebajamos a las posibilidades de cáncer.

Veinticinco operaciones le conté antes de perder la cuenta. Batió en operaciones su marca en hijos. Al dentista le hizo ver su suerte, al psiquiatra lo dejó de psiquiatra, y al cardiólogo le contagió las palpitaciones. Yo odio a los médicos, pero como para mandarles una alhajita de éstas, tanto no. Que hágame, doctor, otro electrocardiograma para confirmar.

—¿Y este piquito qué es?

—La onda Q.

—Ah... No se ve como bien.

Tomaba Artensol para bajarse la presión, pero como el Artensol le bajaba también el potasio, entonces se subía el potasio con jugo de naranja y bananos.

—Ya que vas p'abajo, haceme en la cocina un juguito de naranja con banano picado —le mandaba al que tuviera a la mano.

Y cuando uno subía con el juguito:

—Ponele menos azúcar que estoy diabética.

Y a bajar y a volver a subir con otro jugo con menos azúcar para la diabética.

—Quedó muy simple. ¡Eh, ustedes sí no sirven ni para hacer un jugo de naranja! Yo no sé qué van a hacer cuando me muera.

Amenazas que eran promesas que no cumplía. ¡Qué se iba a morir! Un día empezó a ver caras y nos sentenció:

—Me les voy a tirar por el balcón.

—Que se tire —le decía yo a papi que sufría y sufría sin saber qué hacer con su alma—. Y no la vayas a agarrar: cae parada.

¡Que se iba a tirar! Seguía viendo caras.

—¿Y cómo son las caras? —le preguntaba yo, su amante hijo.

—Espantosas, horribles.

Eso era lo que contestaba como si tuviera enfrente un espejo.

—No las mirés.

Que las veía cuando cerraba los ojos.

—No los cerrés.

Que le hacían daño la luz, los reflejos.

—Mediocerralos entonces, y así no ves tanta luz que te moleste ni tanta cara que te asuste. Ves medias caras. Y una media cara no es una cara, es un cuadro de Picasso, que ya murió y no te puede hacer daño.

—Apagá esa luz que me estoy asando.

—Alargá la mano y apagala vos, que no sos manca.

Entonces estallaba en una explosión de odio, y en cumplimento de lo único que sabía hacer, mandar, me mandaba a la puta mierda. Sólo abría la boca para mandar, pero la mantenía abierta. ¡Pobres cuerdas vocales las suyas, qué agotamiento! Por ese solo concepto de ese solo agotamiento de sus solas cuerdas vocales se nos iba a ir al cielo. Por lo pronto que me iba a desheredar.

—La ley colombiana te lo prohibe. Aquí los padres les heredan forzosamente a los hijos todo, quieran o no quieran: los genes y demás cachivaches viejos como el piano, el órgano y el televisor que te voy a quebrar en pedacitos no bien te murás y te los voy a echar junto con el alud de tierra sobre tu ataúd para rellenarte hasta el tope del cogote tu tumba.

Revolcándose en sus aros de odio la culebra, lanzando por los ojos fuego que sin embargo no me podía alcanzar, se debatía en su rabia impotente la Loca entre hijueputazos y maldiciones que me hacían recordar a su furibundo sobrino Gonzalito, la Mayiya. ¿Y si le dijéramos la palabra mágica para probar?

—¿Mayiyita? —aventuraba yo suavecito.

El pecho le subía y le bajaba al ritmo de sus palpitaciones como una mar enfurecida en marejadas convulsas. Y el corazón como un motor fallando, a punto de pararse, de eyacular. Yo a mi vez me convulsionaba de risa. ¡Lo que pueden las palabras, la sola palabra "Mayiya"! ¡Quién lo iba a decir! Tomen nota los lingüistas.

¡Lo que hizo sufrir a papi en sus últimos, putos años, esta Loca antes de que lo matara! Porque ella fue la que lo mató, no el cáncer del hígado como diagnosticaron los médicos. El cáncer le mató el cuerpo, ella el alma. Bien dijo el borracho que bajó por el Camellón de San Juan una noche gritando, enarbolando una botellita de aguardiente semivacía:

—¡Abajo mi puta mujer y mis hijos! ¡Vivan los maricas!

Nadie entre los seis mil millones de la perversa especie Homo sapiens que hoy habitan la Tierra estaba tan obligado para conmigo como ella. Pero ella pensaba que era al revés, que el obligado era yo, su sirvienta. ¡Qué forma tan sui géneris de pensar! Inmenso error, señora, garrafal error que ya corregiremos pronto cuando tomemos las medidas drásticas que el caso amerita: como un juguito de naranja con banano espolvoreado con azúcar, con amor, con devoción, con alma y una pizca de cianuro eficaz. Mientras tanto, mientras se nos llega el día de la apoteosis de los justos, propongo eliminar el día de la madre y establecer el día del hijo. Otra cosa sería seguir pisoteando a las víctimas para ensalzar a los victimarios.

—¡Me estoy muriendo! ¡Llamen a una ambulancia que me voy p'al hospital! —decía, urgía.

Y al hospital a pasarse una temporadita de comida simple, sin sal, que nos cobraban como caviar del Báltico.

—Su mamá —nos pronosticaba un cabrón médico de la Clínica Soma para podernos seguir aumentando la kilométrica cuenta— se va a tirar por el balcón. Hay que mantenerla hospitalizada bajo vigilancia médica.

—Doctor, ella se tira por el balcón si está aquí, en esta casa que tiene balcón. Pero si está en el hospital se tira por un décimo piso. ¿Usted qué prefiere?

Él prefería el hospital y yo también. ¡Que se tire desde el décimo piso!

—Pero si no se tira, doctor, le advierto, la cuenta la paga usted. No nos vamos a acabar de gastar en otra semanita de hospital inútilmente la herencia de veinticinco hijos y doscientos cincuenta nietos más bisnietos.

Esta mujer que parecía zafada, tocada del coconut como si tuviera el cerebro más desajustado que los tobillos, en realidad estaba poseída por la maldad de un demonio que sólo existe en Colombia puesto que sólo en Colombia hemos sido capaces de nombrarlo: la hijueputez. Pero en nombrarlo nos quedamos, como cuando los ratones descubrieron que la solución era un cascabel para ponérselo al gato. ¿Y quién le pone el cascabel al gato? Entre los treintinosecuantos millones de colombomarcianos el único

que reza en lo más profundo de su corazón para que
Colombia jamás gane el mundial de fútbol y desa-
parezca se lo pone: se lo pongo yo. Yo se lo pongo, y
antes lo unto con cianuro por si la bestia lo lame.

Tanto fue el cántaro al agua que al fin se rom-
pió y la Loca parió un engendro: el Gran Güevón
que tenemos ahora crecidito, de la edad de Cristo,
con su misma barba y en su plenitud Rendón, poniendo sambas que atruenan el jardín, que ahuyen-
tan a los pájaros y me impiden oír llegar la Muerte.

—O este hijueputa apaga esas sambas o lo
mato o me mata o me mato yo.

—No le hagás caso —me respondía Darío
más enmarihuanado que nunca.

—Yo no soy el que le hace caso, son mis oídos.

Entregada con vesania a la reproducción, la
Loca no entendió nunca que el espacio es finito, y
que del mismo modo que no se pueden meter inde-
finidamente trastos en un desván o sardinas en una
lata, así tampoco se pueden meter hijos en una casa.
Lo único que le hicieron a la nuestra del barrio de
Laureles fue aumentarle en la parte de atrás, quitán-
dole terreno al jardín, dos cuartos y un estudio en
medio separándolos. A los trancazos, como los hicieron, se los describo: el cuarto del fondo, donde murió Darío, con un baño estrecho y levantado un escalón como el baño de su apartamento en Bogotá; y el
otro, donde me moría yo, con otro baño estrecho pero a ras del suelo. ¿Por qué este maestro de obras chambón cuñado de papi, Alfonso de apellido García pe-

ro imbécil como un Rendón, hizo los dos baños tan
estrechos habiendo suficiente terreno, y el uno a ras
del suelo y el otro levantado? Habrá que írselo a preguntar a los infiernos. Así los hizo y así se quedaron
sin que nadie interviniera porque papi (el de la idea
de agrandar la casa) andaba ocupadísimo en Bogotá
manejando los sutiles hilos, tela de araña pegajosa, de
la economía de su país marciano.

En el cuarto de Darío había una cama, un
closet y un escritorio: el closet lleno de la ropa de
Carlos, el quinto hijo, mi cuarto hermano, que vivía
perdido en las montañas con un amor del sexo fuerte;
y el escritorio atestado de remedios, los costosos remedios para el sida que sí sirven, pero para salvar del
hambre a los sidólogos. Y en el cuarto mío una cama
escueta y basta, eso era todo. De la biblioteca traje el
sillón de la abuela (el sillón donde se sentó la abuela
en sus últimos años a morir) y una silla para poner
mi ropa. En cuanto al estudio de en medio; nada, vacío como mi alma.

¡Qué! ¿Así de pobres son ustedes que no tienen muebles? No, es que somos ascéticos. Es más,
desde hace años no comemos, y la ropa que lava una
lavadora la plancha el viento que la seca. La loza se
quedaba sin lavar días y días porque la Loca la iba acumulando para economizar agua y electricidad hasta
que se le llenaba un enorme lavaplatos automático
que sólo entonces prendía. ¿Y por qué tanta loza sucia
si no comían? He ahí una aparente contradicción: es
que la Loca era especialista en ensuciar loza aun sin
comer. Tal era su vocación de caos.

—¿Qué van a comer los gusanos de Dios cuando nos muramos? —le preguntaba yo cuando todavía le hablaba, debilitado como un faquir o como una entelequia sidosa.

Somos como quien dice precursores en Medellín y en Colombia de la ropa sin planchar y del hambre universal. Algún día nos darán un diploma.

Hoy no suenan las sambas, el engendro barbudo anda en otras cosas. ¡Y pensar que fui yo el que le escogió el nombre cuando nació, el más español, el más rotundo, el más hermoso, avasallador como "La Fuerza del Sino" de mi viejo amigo y contertulio de café el Duque de Rivas! ¡Cómo no le puse Cristoloco en homenaje al rabioso que expulsó a fuete a los mercaderes del templo, al atrabiliario que pagaba igual a los que llegaban a trabajar temprano que a los que llegaban tarde, y sobre todo al imbécil que volviendo la otra mejilla abolió de un sopapo la ley del talión e instauró la impunidad sobre la faz de la tierra! Cristoloco Rendón Rendón es como ha debido llamarse. Ahora tenía justamente la misma edad del nazareno cuando éste se desató a decir y hacer pendejadas y su misma barba negra, espesa, estúpida, barba de hippie. Le había dado una tregua a las sambas y estaba conectado por el culo en silencio al Internet, del que Darío me empezó a hablar, a propósito, primores. Que le habían mandado sus amigos de Bogotá, cuando se enteraron de que estaba en Medellín tan enfermo, un compact disc por el Internet o sideroespacio. ¿Un compact disc? O yo no estaba enterado de los últimos adelantos de la ciencia, o el sida le estaba perturbando a Darío el juicio.

—Yo no sabía que se podían mandar cosas compactas por el Internet —le comenté—. Si es así decile al Gran Güevón que nos mande por ese invento maravilloso dos muchachos en pelota a ver si se nos alegra la tarde.

¡Qué nos los iba a mandar, lo que se largó fue el aguacero! Un chaparrón súbito, burlón, que me puso a correr de un lado al otro a recoger sábanas, bancos, mesas, hamacas, Daríos, platos y sobre todo la marihuana, que mojada no sirve y hay que ponerla a secar: varios días de ayuno que mi hermano no aguanta. No bien acabé de levantar el tinglado escampó, y Darío volvió a oír el pájaro.

—¡Ahí está, ahí está! —me decía mientras yo instalaba de nuevo la hamaca y a él en ella.

Entre el follaje del mango dizque veía un aleteo confuso y furioso: que era el pájaro Gruac luchando contra un gusano del sideroespacio. Esto se jodió, pensé, el sida le está afectando la cabeza, ya empezó a ver visiones. Y que oigo de repente el "Gruac, Gruac" detrás de mí cuando acomodaba en una mesita unos platos: era Darío que se había levantado de la hamaca y en turcochipriota le contestaba al pájaro.

Obsesionado con ese pájaro escurridizo e inarmónico que no se dejaba ver y que le hablaba en algo así como uraloaltaico, vivió Darío los últimos días medio tranquilos que tuvimos: luego la sulfaguanidina dejó de funcionar, la diarrea se le declaró de nuevo, y se acabó la tregua que nos concedió la Muerte. En el manicomio-infierno presidido por la Loca explotó el pandemónium.

Yo me creo capaz de capear un temporal, de inyectar cianuro y de lidiar un sida, pero un sida con Loca no. Esa combinación no la maneja, como dicen en Colombia, "ni el Putas". "El Putas" sería el que fuera capaz y yo no soy. El Putas no existe pues, y si no que venga a probarlo en esta casa. Yo bajaba y subía y bajaba y subía por esa escalera empinada de atrás de que les he hablado, donde unas veces abajo, otras arriba, se instalaba la Muerte a cagarse de risa viéndome bajar sábanas sucias que lavaba en la lavadora, que tendía al sol a secarse, y que volvía a subir para que la imparable diarrea del enfermo las volviera a ensuciar. Y el Papa, que es tan bueno, tan útil, tan santo, ¿dónde está que no viene a ayudar? Y maldecía del zángano impostor y su madre. Las carcajadas de la Muerte, pese al tiempo transcurrido, aún me retumban en los tres huesitos del oído medio: el martillo, el yunque y el estribo.

—¿Se te antoja ya el pescadito? —le preguntaba a Darío que llevaba tres días con sus noches de diarrea sin dormir ni comer.

Que sí, me decía desfalleciente con la cabeza y yo, sin perder un segundo, bajando a tumbos la escalera corría a prepararle el pescado que le había comprado la víspera y que tenía descongelándose desde por la mañana en el fregadero de la cocina en espera de que quisiera comer: no estaba, desapareció.

—¿Y dónde está el pescado que dejé aquí? —gritaba yo desde abajo como un loco, desesperado.

—Yo lo guardé —contestaba desde arriba la Loca—. Está en la nevera.

Y en efecto, ahí estaba, vuelto una piedra, un mamut de la edad glacial. Sin que yo me hubiera dado cuenta, la Loca había bajado a la cocina y había metido el pescado al congelador.

—¿Y quién te mandó meterlo? —le increpaba desde abajo a la maldita vuelto una furia.

—Lo metí para que no se fuera a dañar —contestaba desde arriba la santa—. ¡Yo no sé qué va a ser de esta casa cuando me muera!

La Loca era más dañina que un sida. Sus infinitas manos de caos se extendían hasta los más perdidos rincones de la casa como el pulpo de Victor Hugo en "Los Trabajadores del Mar". Era la encarnación viviente de las leyes de Murphy: todo en mi casa siempre podía salir mal porque para eso siempre estaba ahí ella, su incontrolable presencia. Así la mano incapaz de alargarse para apagar una lámpara metía solícita el pescado al congelador. Su mano era una pata. No bien acabe este recuento de desdichas, con la venia de Tomás de Aquino y Duns Scotto teólogos y de Kant filósofo, me voy a escribir un tratado de teología inspirado en ella: "Crítica de la Maldad Pura". La Loca era el filo del cuchillo, el negror de lo negro, el ojo del huracán, la encarnación de Dios-Diablo, y se había confabulado con su engendro del Gran Güevón para matar a mi hermano. Cuando no era ella la que metía el filosófico pescado al congelador se lo comía el engendro, que de tanto alzar pesas vivía hambreado. ¿Y para qué levantaba pesas Cristoloco? ¿Para pegarme a mí? ¡Que se atreviera! Y este su servidor apacible mantenía lista una varilla de hierro para enderezarle al forzudo sus torcidas intenciones cuando se le quisieran expresar.

Todo intento de orden de parte nuestra, de comida, de limpieza, de mediana civilidad en esa casa que no era suya sino de todos, con sus manos de caos, con su espíritu anárquico, con su genio endemoniado la Loca nos lo boicoteaba. ¿Ordenábamos? Desordenaba. ¿Limpiábamos? Ensuciaba. ¿Cocinábamos? Comía. Y si le conseguíamos una sirvienta la echaba, porque ¡para qué sirvienta teniendo marido e hijos! No hacía ni dejaba hacer, no rajaba ni prestaba el hacha.

Y tras de mala santa. Que si fuera a calificar su actuación en esta vida, sobre un máximo de cinco, que es lo que se usa en Colombia, ella se pondría un cinco admirado. ¡El calificador calificándose, el juez juzgándose! ¿Habrase visto mayor impudicia? Menos cinco bajo cero le pondría yo para que se le congelara el culo.

Luego se iba a la iglesia a comulgar. Pero como vivía tan ocupada manteniendo en orden su casa y educando a tantos hijos, quería comulgar de primera (sin confesarse por supuesto, porque ¿de qué?), y así se lo exigía al cura en el introito o comienzo de la misa, y faltando cuando menos media hora para la comunión: que le dieran de comulgar rápido que ella no tenía tiempo qué perder en liturgias. Y como los curas, claro, se negaban, la olvidadiza les gritaba desde el atrio yéndose: "¡Curas maricas!" Maricas varios de los que tenía en casa, y a mucho honor. ¿Quería la santa que los curas se pusieran a proliferar como ella? ¡Si con curas maricas no cabemos, qué tal con curas reproductores!

Tras de cinco hijos varones seguidos, se le metió en el testaferro a la Loca que iba a ajustar los doce apóstoles. De sexto le nació una niña, Glorita, cortándole el chorro que prometía hacer de papi lo que en la vieja España llamaban un "hidalgo de bragueta". Si en vez de cinco hijos varones hubiera tenido cinco niñas, ¡se habría puesto a ajustar las once mil vírgenes! Que tenga cuantos hijos quiera, decía yo, el primogénito, pero eso sí, mientras la turba desbocada me obedezca a mí. ¡Ay, si el mundo fuera como la ley lo dicta! Pero no, en un matriarcado la reina madre, la abeja zángana se pasa la ley por la bragueta. Y en consonancia consigo misma la introductora del desorden, la Loca de la guachafita, boicoteó cuantos intentos hice por impedir que mis hermanos, sus hijos, pisotearan el más sagrado derecho que ha existido desde que el mundo es mundo, la progenitura, consagrado en un libro tan antiguo, tan sabio, tan incestuoso como la Biblia. Y mis no sé cuántos hermanos, varones y hembras, con la anuencia de ella, quisieron pasar por sobre mí. ¿Por sobre mí? ¡Jamás! "Por sobre de mi cadáver", como dijo Julio Jaramillo en la canción. Y se desataron incontables guerras intestinas en mi casa, de las que se necesitaría un Tito Livio para historiarlas, de las que me quedaron de por vida tres dientes desportillados, pero de las que salió víctima también ella, la permisiva, la disoluta, la reina loca, la Loca anárquica, la parturienta, porque le retiré mi respeto y obediencia. ¿Quiere leche la mandona? Que ordeñe la vaca. Si por su culpa a mí no me obedecían, yo no le obedecía; si por su culpa a mí no me respetaban, yo no la respetaba. La vida es tropel, desbarajuste; sólo la quietud de la nada es perfecta. ¡Ay del que contribuya al caos de este mundo propagándolo porque en él perecerá! Y no lo digo yo, un pobre diablo: me lo dijo anoche el Profeta.

Los dientes desportillados se los debo a un vaso en que me estaba tomando un jugo y a la patada que Darío le dio: la patada quebró el vaso y el vaso mis pobres dientes. ¡Qué carajos! Dondequiera que estés, hermano, en el círculo de los irascibles o en el que te hayan asignado en los infiernos, desde aquí te perdono. Todos los días, tres veces al día, me acuerdo de ti: cuando como, sin que mis dificultades para masticar disminuyan un ápice el amor que te tengo. ¡Para eso están las licuadoras! Además en un tratado de teología de la magnitud de éste no voy a armar un escándalo por tres dientes. ¡Ni que fueran dos ojos!

Para cerrar con broche de oro su faena reproductora, la Virgen María alumbró a Cristoloco y le salió un engendro: el Gran Güevón tantas veces aquí mencionado, el genio del sideroespacio. ¡Por qué, insensata, cuando lo viste no se lo vendiste a un circo, chambona! Ahí mismo has debido actuar, sin dilaciones. ¡Pero qué! La Loca, que no era gente de razón y que el poco juicio que tenía, si tenía, lo tenía descentrado, pecaba por partida doble, por obra y por omisión. Las mujeres además tienen tendencia a conservar lo que les sale por la vagina. Y abajo España, país de cagatintas, masa cerril, arrodillada, que fuiste capaz de gritar un día: "¡Vivan las cadenas!"

La Muerte, extinguidora de odios y de amores, un año antes de venir por Darío vino por papi, y en un mes se lo llevó. Un mes anduvo rondándolo con su cauda gallinácea, su cortejo de curas, de médicos y zopilotes que yo le ahuyentaba.

—¡Qué! —le increpaba—. ¿No puedes vivir sola y tienes que andar siempre acompañada, con esa corte de sabandijas? Estás como mi amigo Manolo Dueñas que adonde va va con séquito, o como el cura Papa. Aprende de mí, güevona, que me basto solo.

Y solo, sin amanuenses ni computadora ni Internet, no bien termine esta obrita de teología me voy a levantar el imponente "Inventario Detallado de los Muertos", los míos, completos, que presides tú, por supuesto, la siempreviva, la compasiva, la artera, mi señora Muerte, cabrona. Bienvenida seas a esta casa, mi casa, tu casa, en el barrio de Laureles, ciudad de Medellín, departamento de Antioquia, país Colombia, que es el cielo pero en infierno, y cuya puerta te abrió de par en par un día, o mejor dicho una noche, mi hermano Silvio: la noche en que se voló de un tiro la cabeza. Después fuimos siguiendo todos, uno por uno, como dicen que van cayendo las ovejas al desbarrancadero, aunque yo, la verdad, con tanto que he andado, vivido y visto aún no las he visto caer.

Veinticinco años tenía Silvio, mi tercer hermano, cuando se mató. ¿Por qué se mató? Hombre, yo no sé, yo no estaba en ese instante, como Zola, leyéndole la cabeza. Yo soy novelista de primera persona, y además andaba afuera, lo más lejos posible de Colombia, de ese cielo que dejé hace siglos, desde que abandoné el paraíso. Se mató porque sí, porque no, porque estaba vivo, sin razón. Nunca más lo volvimos a mencionar, y si ahora se lo nombro yo, doctor, es arrastrado por el "elán" del verbo. Yo aquí tendido en su diván hablando y usted oyendo, cobrándome con taxímetro. Yo soy el que hablo y usted el que cobra: me cobra por oírme curar solo. Oiga pues entonces lo que le voy a contar y cobre: mientras papi en su cuarto agonizaba, la Loca despatarrada en un sillón plegadizo de la biblioteca frente a un televisor veía telenovelas. Contando los cinco años que fueron novios, sesenta vivieron juntos, de los cuales los últimos veinte cuando menos mi padre fue su sirvienta: ni un vaso de agua le llevó doña Loca durante ese mes interminable en que yo lo vi agonizar.

Es muy fácil, doctor, estar loco y que los demás se jodan. Y si no véame a mí aquí ahora, hablando, desbarrando, abusando y usted oyendo. Es que yo creo en el poder liberador de la palabra. Pero también creo en su poder de destrucción pues así como hay palabras liberadoras también las hay destructoras, palabras que yo llamaría irremediables porque aunque parezca que se las lleva el viento, una vez pronunciadas ya no hay remedio, como no lo hay cuando le pegan a uno una puñalada en el corazón buscándole el centro del alma. ¿Cómo por ejemplo cuál? Como por ejemplo, doctor, ese "hijueputa" que nos regalaba la Loca, tan maternal, tan dulce, tan tierno que usted no tiene ni idea ya que las palabras, aunque poderosas, a veces se empantanan en su semántica como el lodo en un charco, y no pueden expresar los múltiples matices del paisaje ni apresar los ires y venires del viento. Y no le mando, doctor, de paciente a la Loca del bumerang porque lo enloquece como enloqueció al doctor Botero. No hay alienista que la resista. Se impacientan, pierden el equilibrio mental, caen al suelo, se suben al diván a hablar y los papeles se truecan. Al doctor Pedro Justo Botero Restrepo Restrepo Botero, un antioqueño a carta cabal, sólido como un roble al cuadrado, discípulo de un discípulo de Freud y de la mujer de Jung, y especialista en traumas de la Segunda Guerra Mundial y de la Primer Guerra Colombiana del Narcotráfico (curtido como quien dice en mil combates contra mil pacientes), yo lo vi, lo vi con estos ojos, arrancarse a mechones los pelos de la cabeza y descolgar el diploma de la pared por culpa de la Loca. ¿Salud mental frente a la Loca? Permítame, doctor, que me ría. ¡Jua! El hierro con ser tan hierro también tiene su punto de fusión y los continentes se mueven.

Andando el tiempo no quedó médico en Medellín que le pasara al teléfono. Los llamaba a las doce de la noche a la casa para preguntarles:

—Doctor: El Modiuretic me dice usted que me lo tome con agua antes de las comidas. ¿No me lo podría tomar después con un juguito de naranja?

Tenía obsesión por las naranjas desde que papi compró La Cascada, una finca que sólo producía esas frutas odiosas, y a la cuerda se le metió entonces en la cabeza que teníamos que ser autosuficientes y "economizar" desayunando, almorzando y cenando naranjas.

—Las naranjas no tienen colesterol —decía, y punto, palabra de Dios.

Bultos y bultos de naranjas traían de La Cascada a Medellín, a podrirse en la parte de atrás de mi casa.

—¿Y por qué no las vendían?

—¡Ay doctor, no sea ingenuo, a quién! En ese país nadie compra: todos roban. Y para que un pobre le acepte a uno unas naranjas regaladas, uno se las tiene que llevar a su casa. Mientras se las baja uno del carro, otro pobre del tugurio le roba a uno el carro. Dejemos mejor la cosa así. ¡Y que se pudran las hijueputas naranjas!

Hoy yo concibo al infierno como una dieta monocorde de ese cítrico infame, sin melodía, sin armonía, sin colorido orquestal, sosa como un oboe predicando en el desierto con un balido de oveja. Y el cielo me lo imagino como unos chicharrones de manteca de cerdo, fritos en sí mismos, crepitando de rabia y cargados de colesterol que me forme un trombo que me obstruya las arterias y me paralice el corazón.

—¿Y si ella estaba tan enferma y su papá tan sano, por qué el sano murió y la enferma sobrevivió?

—Es que a estas malditas viejas de Antioquia, doctor, les dio a todas por enterrar al marido. A papi la suya lo enterró en vida. De economía en economía lo fue minando hasta que por fin acabó de matar al cadáver. ¿Sabe de qué vivía al final de su vida el faquir? Del humo del cigarrillo Pielroja que ella también le quería quitar. Que el cigarrillo provocaba cáncer del pulmón, decía. ¡Mentira! Papi murió con los pulmones limpios, yo vi las radiografías. Tan limpios como su alma.

"Economizar" era el verbo favorito de la Loca porque esta mujer, pródiga en hijos, en lo demás era avara, de una avaricia Rendón. Por eso como no fuera su marido no le duraba sirvienta.

—Apague el fogón m'hija —les gritaba desde arriba—, y en el calor residual de la parrilla me calienta un café.

Todas las sutilezas de la mandonería hipócrita las cultivaba. No decía, por ejemplo, "Caliénteme un café", sino "Me calienta un café", que suena menos perentorio. ¿Y "m'hija"? ¡Ay, tan cariñosa! ¡Mentirosa! ¡Si las odiabas! Las odiabas tanto como te odiaban ellas a vos. Esa mandonería insidiosa era lo que les revolvía la barriga a las sirvientas, y a mí lo que me reventaba el saco de la hiel.

—¡Alguno! —gritaba—. Hay que sacar la basura que ya sonó la campana.

La "campana" era la campanilla del carro de la basura; la "basura" eran nuestros costalados de naranjas podridas que había que sacar a la calle; y "alguno" era el que pasara por entre su radio de acción. Sobra decir que si el que pasaba era yo, "alguno" se transformaba en mis oídos en "ninguno", "nadie".

Hija era de su papá, mi abuelo, que economizaba gasolina así: al llegar a la bajada de El Poblado le apagaba el motor al carro, a su Hudson 1946, y con el impulso que traía de Envigado más la fuerza de gravedad pretendía llegar hasta el centro de Medellín, a treinta cuadras por entre un tráfico pesado de peatones y carros. ¿Que se le atravesaba un peatón? Peor pa él. No frenaba ni por el Putas, que ya dije quién es. Un día atropelló a dos albañiles y una monja. La monja quedó descaderada, los albañiles no sé. El impulso residual del carro de mi abuelo se transformó en el calor residual de las parrillas de la Loca.

—¿Y por qué era esa familia tan avara?

—Por honrada, doctor. Si hubiéramos estado robando en el gobierno, como Samper, no habríamos tenido que ponernos en tantas economías. Ah no, perdón, miento, el ladrón no fue Samper, fue López, López Michelsen, que se especializó en México: un liberal jacobino con cara de culo que sostenía que el derecho no era divino sino que brotaba de la sociedad como una fuente de la tierra y que no había que creer en la existencia de Dios.

—¿Y si Dios no existe, quién lo hizo a él entonces? —preguntaba la Loca, la refutadora.

—Lo hizo una mezcolanza de azar con semen y babas —le contestaba yo furioso.

—A vos sí no se te puede ni hablar —comentaba.

—No —le confirmaba yo, su ex hijo, que tenía cancelado con ella el tema teológico, y que acabó por cancelar todos los otros hasta llegar a la perfección del silencio.

Si a mi abuela yo le hubiera dicho que Dios no existe, se habría puesto a rezar por mí. Pero la Loca me discutía. ¡Ay Dios, qué no hice por iluminar esta alma roma, por hacerle llegar a la oscuridad de sus sesos tercos unas cuantas luces!

Y si "economizar" era su verbo preferido, su gran frase era: "La humanidad es mala". ¿Y ella qué era? ¿Una coneja, o qué? Aunque por su forma de proliferar se diría que sí, por sus orejas y sus cuatro extremidades se diría que no. Y consecuente con su frase no era amiga de nadie. Amigas no tenía, los médicos le huían, las sirvientas la odiaban, los curas la detestaban, afuera de su casa nadie la quería, y adentro vaya Dios a saber.

Quince días llevaba con el televisor prendido mientras papi se moría, y yo viéndola, negándome a creer.

—¿Qué ves? —le pregunté.

—Una telenovela muy buena con una mujer muy mala.

—La mala sos vos —le dije, y fue lo último que le dije porque no le volví a hablar.

Acto seguido le apagué el asqueroso aparato. El consabido "hijueputa" esta vez no me lo dijo ni le mandó a nadie que se lo volviera a prender: creo que por fin captó en su cabecita hueca que su marido, su sirvienta, se le estaba yendo. Yo no soy novelista de tercera persona y por lo tanto no sé qué piensan mis personajes, pero esta vez, por excepción, sí les voy a decir en qué pensó la mala de la telenovela: "¿Y ahora a cuál de los que quedan voy a agarrar de sirvienta?" Eso fue lo que pensó en su almita negra la Loca, y si no que me desmienta Dios.

Los quince días siguientes transcurrieron en silencio, en un ir y venir compungido de hijos, de nueras, de yernos y de nietos. Unos llegaban, otros salían: Aníbal, Manuel y Gloria con sus familias; Darío que había venido de Bogotá; Marta que había venido de Cali; Carlos que había venido de las montañas dándole una tregua a su amor; y yo que había venido de este país donde vivo, el de la mente impenetrable y las intenciones abstrusas. Ah, pero se me olvidaba en este recuento apurado de la gran familia lo más importante, sus dos pilares sin los cuales se derrumbaría la casa: la Loca y su engendro del Gran Güevón que de día en día, mientras papi se moría, se iba apoderando de ella: de un cuarto, del otro, del otro, del piso, del techo, del piano, del televisor, profanando con sus pies enormes y su mente obtusa, patas de cabra, hasta la sagrada voluntad de los muertos.

Cuando yo regresé del país que dije a acompañar a papi en sus últimos días ya me fue imposible hablar con él: una angustia infinita lo había invadido, una tristeza del tamaño de la muerte que lo reducía al silencio. Parecía vivo pero estaba muerto, se le había apagado la llamita que mantuvo siempre encendida, la esperanza. ¿Pero esperanza en qué? ¿Qué esperaba? Es lo que yo no sé porque ambiciones nunca tuvo, ni políticas ni de riqueza ni de nada. ¿La esperanza tal vez de volver a La Cascada, su finca, a la que hacía años no iba por no correr el riesgo de que lo secuestraran para pedirnos su jeep de rescate a cambio del cadáver? Tal vez. ¿O tal vez la simple, mísera esperanza de poder leer un día más en El Colombia-

no las esquelas de los que se murieron ayer? Tal vez.
Hay una edad en el ciclo vital del Homo sapiens en
que el rey de la creación empieza a levantarse temprano, no bien rompe la mañana, a recoger el periódico
que le acaban de echar por debajo de la puerta y lo
abre con avidez a ver quién se murió. Hombre, cuando uno llega a eso ya el muerto es uno.

La última vez que hablé con papi fue unos
meses antes de su muerte, la víspera de una de esas
inútiles partidas mías que por un muerto u otro ter-
minaban siempre en el regreso. Como tantas otras
veces, nos sentamos en el balcón a conversar. Ese balcón (que la Loca llamaba "el volado") lo había adap-
tado papi como una segunda biblioteca cerrándolo
con una vidriera y ahí leía (cuando la mandonería de
la Loca se lo permitía), y mientras leía, como un vigía
desde su torre de vigilancia, vigilaba con el rabillo del
ojo el movimiento de la calle y las plantas del ante-
jardín (que por lo demás manteníamos aseguradas
por las raíces con unas rejillas subterráneas electriza-
das, sistema de nuestra invención), no se las fuera a
llevar algún transeúnte ocioso, viviendo como vivíamos en el país de Caco donde se alzan con una casa
entera con sus pisos, techos y sanitarios, y son capaces de robarle la barca a Caronte, la cruz a Cristo, y
sus medias sucias al ladrón de Bagdad. Ahí, instala-
dos en esa atalaya desde donde dominábamos a Colombia y sus miserias, hablábamos por horas y horas
de nuestra pobre patria, de nuestra patria exangüe
que se nos estaba yendo entre derramamientos de
sangre y de petróleo saqueada por los funcionarios,

sobornada por el narcotráfico, dinamitada por la guerrilla, y como si lo anterior fuera poco, asolada por
una plaga de poetas que se nos vinieron encima por
millones, por trillones, como al Egipto bíblico la plaga de la langosta. Pero la última vez que conversamos
me cambió el tema.

—¿Qué habrá después de la muerte, m'hijo?
—me preguntó.

—Nada, papi —le contesté—. Uno no es más
que unos recuerdos que se comen los gusanos. Cuando vos te murás seguirás viviendo en mí que te quiero, en mi recuerdo doloroso, y después cuando yo a
mi vez me muera, desaparecerás para siempre.

—¿Y Dios?

—No existe. Y si no, mira en torno, por todas partes el dolor, el horror, el hombre y los animales matándose unos a otros. ¡Qué va a existir ese asqueroso!

Aparte del cigarrillo Pielroja y de un ocasio-
nal caldo de huevo que él mismo se preparaba, papi
vivió en sus postreros años prácticamente de noticias:
las de El Colombiano primero, leídas al claror del
alba, y luego las de los noticieros del radio y el televisor que permanecían día y noche encendidos. Tro-
naban a todo taco los dos malditos haciendo vibrar
los vidrios y rompiendo tímpanos porque el droga-
dicto de tragedias se estaba quedando sordo pero se
negaba a ponerse audífonos.

—Shhhh, dejen oír —era lo que decía.

Y oía. Que nombraron a no sé quién de no
sé cuánto. Que fulanito se coludió con zutanito y

menganito con perenganito. Que el presidente conminó. Que el alto funcionario declaró. Que el ministro de Obras obró. Ah, y que Fabito Puyo el hijo de
Gilmíller, el consentido del presidente y la niña de los
ojos de un ex presidente se alzó con mil millones de
las Empresas Varias y las dejó en la ruina y a Colombia de paso sin agua ni electricidad porque se las vendió a Venezuela, se embolsó el dinero, y hasta el sol
de hoy: que lo vieron en Alemania gastándose los costalados de billetes con las putas y sobornando a la Interpol. Ah, y que menganita aspira a la alcaldía de
Manizales y perencejita a la gobernación del Valle y
que las encuestas dicen que las van a elegir. Porque
han de saber los desinformados que tras las siete plagas de Egipto en Colombia entraron a torear las mujeres. No contentas con llenarnos el mundo de hijos
y el mar de pañales cagados, se dieron a quitarnos estas putas los putos puestos que con tan ímprobos esfuerzos hace doscientos años, a machete y sangre, con
sudor y lágrimas, le habíamos quitado al español.
Que si nosotros orinábamos parados ellas orinaban
sentadas y también tenían derecho a aspirar. Vaciaban
el inodoro, se subían los calzones, salían del baño, ¡y
a saquear lo que quedaba de la res pública como cualquier funcionario de pipí! Ineptas, ignorantas, lambonas, iban escalando estas rastreras la jerarquía burocrática como cucarachas subiendo una pared. Ya
arriba una tal Emma, una ministra, la muy alzada, la
soliviantada, aspiraba a la presidencia. ¿La vagina al
poder? No lo podía creer.

—¡Coño! Colombia se acabó —sentencié.

¡Qué va, Colombia no se acaba! Hoy la vemos roída por la roña del leguleyismo, carcomida por el cáncer del clientelismo, consumida por la hambruna del conservatismo, del liberalismo, del catolicismo, moribunda, postrada, y mañana se levanta de su lecho de agonía, se zampa un aguardiente y como si tal, dele otra vez, ¡al desenfreno, al matadero, al aquelarre! Colombia, Colombina, Colombita, palomita: ¿no es verdad que cuando yo me muera no me vas a olvidar?

—Shhhh —me callaba el radioescucha.

Estaba oyendo un recuento, un balance, de las sinvergüencerías del Congreso en el año que pasó.

—A partir de este que empieza todo prescribe —me informaba—. La ley de prescripción la dictaron ellos, la cueva de Alí Babá.

Vívida perdura en mi memoria su imagen venerable, en una silla de ese balcón frente a ese radio, oyendo las raterías del Congreso.

—Dejá de oír tanta noticia, tanta infamia que te vas a envenenar el alma —le aconsejaba yo.

¡Qué va! Él las oía como quien oye un partido de fútbol, con espíritu deportivo. Hasta el final conservó el optimismo, su fe en la vida, su buen humor. Fue un santo. Veintitrés hijos engendró en una sola mujer, alegremente, sin pensarlo mucho, y se murió dejándonos una casa en el barrio de Laureles, tres vaquitas en un pegujal, y en el alma un recuerdo desolado.

Ah, y nos dejó también la honradez, que sirve pa lo que sirven las tetas de los hombres. La honra-

dez no da leche. Leche da un puesto público bien
ordeñado. Papi: hemos vivido y muerto en el error, hemos sido limpios, claros, honrados. En premio sigue
el cielo. Será sentarnos pues a oír cantar con sus arpas
los querubines. A vos que te toquen tu pasillo "Tierra
Labrantía". A mí la "Gran Cantata de Satán".

Hijo: Házte nombrar y valoriza el puesto. Que
nada pase con tu firma sin tu coima, que el mundo
es de los vivos y el cielo de los pendejos. No des sin
que te den y si no te dan que esperen, que la prisa es
de ellos: ellos tienen la siderúrgica prendida y no pueden esperar: tú sí, tú tienes sueldo. ¿Industrias? ¿Cul-
tivos? ¿Trabajo para los desempleados? Que las abran
ellos, que cultiven ellos, que les den trabajo ellos que
son los explotadores: tú no, tú eres santo. Y ten presente que funcionario que deja el puesto ya no es: fue.
Por eso les dicen "el ex ministro", "el ex presidente",
con una equis lastimera. En esa equis radica la diferencia entre el ser y el no ser. Así que no sueltes puesto
sin tener otro mejor preparado. A tus inferiores hu-
míllalos, a tus superiores cepíllalos, y cuando tus superiores caigan, dales con el cepillo en la cabeza que
la lealtad es vicio de traidores. ¡Cómo vas a traicionar
tus intereses por un ex jefe! Un ex ya no es. Y sube, sube, sube que mientras más subas tú tu país más baja.
Nadie está arriba si nadie está abajo. En las entrevis-
tas no te des, que tú no eres mujer enamorada, y no
olvides que hoy día todo lo graban; di que sí pero que
no, enturbia el agua que no se pesca en río transparente. Masturba al pueblo, adula a los poderosos, llo-
ra con los damnificados, y a todos promételes, pro-

mételes, promételes, y una vez elegido proclama a los cuatro vientos tu amor a tu país pero si te lo compran véndelo, y si no hipotécalo que las generaciones venideras pagan: el futuro es de los jóvenes. Las casas, las calles, las escuelas, los hospitales, las universidades, las carreteras que prometiste déjalas como los puentes: en el aire, pendientes, entre una orilla y la otra de la nada. Absurdo sería gastarte en lugares comunes suntuarios lo que es para tus gastos: tus mansiones, tus aviones, tus palacios, tus palacetes, tus islas, tus playas, tus yates, tus putas, tus delicatessen. Y al irte, si es que te vas, recuerda que lo que dejes se lo lleva el próximo viento: dinero en arca pública es volátil cual espíritu de trementina. Eso, eso, eso es lo que le aconsejaría yo a un hijo si lo tuviera. Pero ay, yo no practico la cópula con las hijas de Eva, y la existencia por lo visto no se da sin causa agente. ¿Honraditos a mí? ¡Honrado el Papa, Su Santidad! Y trabajador además: echa azadón de sol a sol.

Émula de este laborador infatigable, vaticano, la Loca se instaló en la planta alta de su casa a trabajar: con sus pobres cuerdas vocales:

—Bajá y decile a tu papá que ponga la lavadora, que él sabe —me mandaba a mí, que pasaba.

—No, Mandolina. Bajá y decile vos —le contestaba yo, que me iba.

A tal grado habían llegado sus sutilezas mandonas, que mandaba por interpósita persona para no tener que gritar. ¿Y tu papá? ¿Mi papá, el ex senador y ex ministro, el santo de su marido? Uncido al carro de su destino el buey araba. Se lo sorbió. Le chupó

el espíritu y de hambre en hambre el cuerpo se lo dejó
en veremos. Por eso cuando una socióloga de la Universidad de Antioquia me explicó que las únicas familias felices en Colombia eran las de los políticos yo
le contesté:

—Ah...

Un día en que estábamos en silencio la Loca
y yo en la biblioteca, ella viendo televisión y yo viéndola embrutecerse, antes de que se le ocurriera articular palabra para mandar le ordené:

—Bajá y haceme un jugo de naranja.

¡Abrió tamaños ojos de incredulidad metafí-
sica! ¡El mandón mandado! Y le empezó la taquicar-
dia. A Cuba le recomiendo una actitud similar frente
al tirano: voluntad inquebrantable y decidida acción.

Me había dormido meditando en el ser y el
parecer, contándole los travesaños al andamiaje inmenso de la hipocresía y la mentira sobre el que se
ha construido la vida humana, pero tuve un sueño
hermoso. Soñé que estaba en Colombia y que me habían dado un puestico en el Ministerio de Relaciones
Exteriores y que les abría un boquete del tamaño de
un camión por el que les metía a los Estados Unidos
un camionado de coca. La coca, apócope de cocaína,
es un polvito blanco, sutil, que se nos va por la nariz
a acariciar al cerebro, y que pese a su sutileza da más
que el café. El café es una maleza, una roya, una bro-
ca, la tumba de las ilusiones, y si no me cree, cultíve-
lo a ver. Ayudado por la burocracia, esta roña se cagó
en Colombia. Maldito el que lo trajo. Y su madre. Y
de paso España y la religión católica. Y enmalezado

hasta la coronilla, haciéndoseme agua la nariz por el polvito travieso que se escapaba por las rendijas del camión, he aquí que suena el teléfono y me despierta. Era mi cuñada Nora que me llamaba desde el país de los sueños para avisarme que papi, mi papá, mi padre, el único que tenía y que podía tener (porque una madre vale un carajo), se había puesto mal y que los médicos temían lo peor. Que viera yo si regresaba o no regresaba.

—Claro que regreso y de inmediato, pero en lo que tardo en vestirme y en tomar el avión no me le dejés arrimar ni uno solo de esos asquerosos.

Y colgué y me vestí y salí y tomé un taxi al aeropuerto y en el aeropuerto un avión al país del polvito blanco, ex café, y mientras volaba por el vasto cielo de Dios iba maldiciendo de esas aves sacatripas, agoreras, más simuladoras y farsantes que Papa y más rateras que Caco. Y de maldición en maldición una vaga inquietud se iba apoderando insidiosamente de mi espíritu, de este zarzo atiborrado en el que ya no cabe tanto muerto. ¿Sería que papi se iba a morir antes que yo, en flagrante violación a la nueva Constitución de Colombia que estipula que mientras más viejo está el ciudadano más posibilidades tiene de sobrevivir? Y en efecto, en las barriadas de Medellín, las comunas, unos barrios de invasión que levantados sobre las faldas de sus montañas la miran y la acechan y con los que vamos a la vanguardia de la humanidad, los niños no llegan a muchachos porque se despachan antes unos con otros, casi en pañales. Ver un hombre en esos destripaderos es vista tan insólita como la de una vaca con las ubres al aire paseándose por Nueva York. En cambio viejos sí hay, sobrevivientes. Los viejos de las comunas de Medellín están tan debilitados por los rencores y los odios, tan exhaustos, que ni fuerzas tienen para matarse. Ve un viejo a otro subiendo a pleno sol por esas faldas, sudando a chorros la gota amarga, y lo compadece: "¡Pobre hijueputa!", se dice para sus adentros. Y lo mismo se dice para sus adentros el otro de él. En las comunas de Medellín si uno vive lo suficiente el odio se le vuelve compasión. ¿Pero por qué estoy hablando de esto, qué les decía? Se me enredó el carrete. Ah sí, decía que no podía aceptar que papi se muriera antes que yo porque no tenía cómo cargar con su recuerdo. ¿Dónde quería que lo metiera en el desván atestado de los trastos viejos? Para meterlo a él tendría que sacar primero, por lo bajito, cuatro muertos. Además padre que muere antes que el hijo muere impune. Ha de morir después de él para que sufra y lo entierre, para que pague, aunque sea en mínima parte, el delito sin nombre que cometió.

Hematólogos, hepatólogos, cardiólogos, neumólogos, gastroenterólogos, radiólogos chutándose la pelota de papi unos a otros, eso fue lo que encontré cuando llegué. No les quedaba faltando sino su compinche el sepulturero para meter el gol. Y ahora Nora me mostraba las radiografías, tomografías, sonografías, esofagoscopías, colonoscopías, toda la estafa, toda la infamia.

—¿Qué ves? —me preguntó mientras yo miraba a trasluz una de esas porquerías.

—Manchitas —le contesté—. Manchitas y más manchitas que como pueden ser tumores también pueden ser simple tejido cicatrizal. No hay modo de saber. ¿Para qué le hicieron sacar todo esto? Tiene ochenta y dos años bien vividos, bien fumados, bien bebidos, ¿quieren más? ¿O es que piensan que lo van a curar? Si está mal del hígado, ¿le van a hacer un transplante de hígado? Y si tiene várices esofágicas, ¿le van a rajar el esófago? No se puede. ¿Entonces para qué tanto análisis? Si no es grave lo que tiene papi, se cura solo; y si sí lo es, no hay nada que hacer.

Entramos al cuarto donde papi agonizaba. Sus ojos vidriosos me miraron desde el fondo de la muerte. Me acerqué a la cama, lo besé en la frente y le ausculté el corazón: seguía con su ritmo obstinado contando el tiempo. Luego le palpé el abdomen y sentí una inmensa piedra dura. Al salir del cuarto, en voz baja, diagnostiqué:

—Recen porque sea cirrosis y no hepatoma.

Pero mi optimismo tambaleante decidió ipso facto que era cirrosis, que iba a vivir diez años y que yo me iba a morir antes que él, y con concisión telegráfica redacté el anuncio para El Colombiano: "Gracias Espíritu Santo porque fue cirrosis y no cáncer del hígado". Y firmado familia tal. Y volví a entrar al cuarto invadido de una felicidad rabiosa.

—Lo tuyo, papi, por fortuna no es tan grave: una simple cirrosis que le da a cualquiera. ¡Le dio a Dolores del Río, la actriz, que en su matusalénica vida probó gota de alcohol, no te va a dar a vos que fuis-

te siempre devoto de las Rentas Departamentales de
Antioquia, nuestra amada fábrica de aguardiente! Pero por no dejar, siempre es mejor dejar esa alicorada
bebida por los próximos quince o veinte años, en tanto la ciencia inventa cómo regenerar el hígado. En cuanto al cigarrillo, fumá si querés, y preferiblemente marihuana a ver si te abre el apetito. Aunque en realidad
no sé ni para qué te lo aconsejo dado el faquirismo inveterado de esta casa.

Mi tesis era que había que arrancárselo a las
manos voraces del hambre y de la Loca y hacerlo comer.

—Un pescadito de río, por ejemplo, como
los que nos comíamos fritos a orillas del Cauca camino de La Cascada, ¿no se te antoja?

Con la cabeza me respondía que no, sin
poder siquiera articular palabra.

Esa tarde en el balcón, mirando en el vacío,
vi ponerse el sol estúpido por entre las montañas, y salir de entre las montañas la estúpida luna. En la oscuridad, de súbito, al unísono, se encendieron tras la luna los infinitos focos de los infinitos barrios de la
ciudad, y sumando su luz a la luz de ella, en la vasta
bóveda negra me iluminaron la Muerte: con sus alas
deleznables de ceniza, aleteando, descendía sobre Medellín y mi casa el gran pájaro ciego. Barrio de Manrique, barrio de Aranjuez, barrio de Boston, barrio de
Enciso, barrio de Prado, barrio de Laureles, barrio de
Buenos Aires, barrio de La América, barrios de San Javier, de San Joaquín, de Santa Cruz, de San Benito, de
Santo Domingo Savio, de El Salvador, de El Popular,

de El Granizal, de La Esperanza, de La Francia, barrios viejos, barrios nuevos, barrios míos, barrios ajenos, barrios, barrios, barrios, proliferando, reproduciendo en la ceguedad de unos genes la plaga humana convencidos de que el que se reproduce no muere porque sobrevive en su descendencia. ¡Pendejos! El que se murió se murió y tus descendientes son los gusanos, que se comen lo que dejes. Déjales deudas. Gástate lo que tengas en lo que sea, en putas, en yates, en compact discs, que tu recuerdo día a día se lo irá comiendo el tiempo, el último sepulturero. De la posteridad no esperes nada: unas flores, si acaso, en tu ataúd, con las paletadas de tierra en el entierro, y después polvo de olvido. Que hereden mierda. ¡Carajo, cuánto borracho por mi carril llevándome la contra! Todos, todos errados. Oh Muerte justiciera, oh Muerte igualadora, comadre mía, mamacita, barre con esta partida de hijos de puta, no dejes uno, con tu aleteo bórralos a todos.

¿Y cómo decirle ahora a papi, que se moría, que lo quería, si en una vida entera nunca me dio la oportunidad? Al final le hablaba y no me oía; una bruma de tristeza lo envolvía y no le llegaban mis palabras. La clepsidra inexorable chorreaba sus últimas arenillas. Después lo conectamos a una botella de suero y el tiempo empezó a contarse en goticas de solución glucosada. Una, otra, otra iban cayendo indecisas, dudando, como su corazón cansado. Entonces entendí que lo que no había sido ya no iba a ser.

Fue mi cuñada Nora la de la idea de traer a un matrimonio de médicos conocidos suyos especialistas en ayudarnos a bien morir.

—¿Con el bien o sin el bien, no te suena eso, Norita, como a redundancia? Para eso han estado siempre los médicos, para desbarrancarnos, con la bendición del cura, en el despeñadero de la eternidad.

Que no, me contestó, que éstos nos iban a ayudar a aceptar lo inaceptable, que la Muerte nos derrumbara la casa.

—Bueno, si es así avísame cuándo vienen para no estar aquí porque no les quiero ver la cara.

Ni médicos ni curas soporto yo. Ni políticos ni burócratas ni policías, etcétera, etcétera.

Pues los trajo sin avisar y me tomaron desprevenido, leyendo en el pasquín de El Colombiano los mensajes de gracias al Espíritu Santo. Examinaron al paciente y su infinidad de análisis, y coincidieron conmigo en que podía ser cirrosis. Al que coincide conmigo le abro de inmediato un campito en mi corazón y le otorgo la categoría de poseedor indiscutible de la verdad, y así procedí con ellos. Dos días después volvieron y se retractaron: que era hepatoma. Y eso sí que no. Y como entraron a mi corazón salieron, por la puerta ancha. Tras de lo cual empecé a maldecir de ese par de aves agoreras.

—¿Hepatoma? ¿Cáncer del hígado? ¿Habrase visto mayor necedad? Puesto que tiene várices esofágicas es cirrosis.

Y basta, punto, así lo decidí yo.

La Loca se puso un vestidito presentable, y bajando, oh milagro, la escalera, aterrizó en la sala donde estaban el par de bestias doctoradas, a hacerse la graciosa, a darles la impresión a los visitantes de que aunque se muriera su marido ella seguía siendo la de siempre, un roble incólume, el personaje inolvidable. Y hable y hable y hable y hable.

—¡Qué! —le comenté a Glorita que estaba conmigo arriba—. ¡Le dieron vino de consagrar a esta cotorra, o qué, que se le soltó la lengua!

La Loca andaba desatada, acometida por lo que llaman hoy "afán protagónico", el demonio que le pica día y noche el culo al Papa. Y sale este pavorreal al balcón a desplegar urbi et orbi su cola vacua y a rociar a la turbamulta gregaria de bendiciones. Empapado de bendiciones se va entonces el rebaño a casa, a ver sentados en sus reverendos culos el mundial de fútbol por televisión.

—De nada te estás perdiendo, papi, si te morís ahora —le dije—. Esto es la ignominia renovada.

Bajé la escalera, abrí el portón, y dando un portazo de puta madre que hizo cimbrar la casa y le bajó sus putos humos a la Muerte salí a la calle. ¡Protagonismos a mí, en un libro mío, cabrones!

Iba el bus atestado de gentuza, que es lo que produce hoy día esta mala raza paridora. ¡Qué! ¿Cuántos hay que contar en la monstruoteca para encontrar una belleza? ¿Mil? ¿Diez mil? ¿Cien mil adefesios? Mírense en el espejo antes de copular, de engendrar, de concebir, de parir, cabrones, ¿o es que tienen miedo de que se les pierda el molde? De pronto, sentadito con sus piernotas abiertas en una banca, vi un morenito de ojos verdes que me endulzó la mañana.

¡Ay Espíritu Santo, puro sexo, qué horror! Definitivamente sí, Dios existe, me dije. Y encomendándome
a Él, al Ser Supremo, le pedí, le rogué por su santa
madre en mis oscuridades interiores que me ayudara
a conseguir esa belleza. Me oyó como oye la tapia llover la lluvia: el morenito se bajó en la Calle Carabo-
bo, en pleno centro, y por entre un hervidero de ham-
pones y de ratas se me perdió. Moraleja: Dios sí existe
pero sirve para un carajo. No hay que perder el tiempo con Él.

Regresé al anochecer al manicomio, al mo-
ridero, y me encontré con la siguiente escena en la
sala: embobados, empendejados, lelos, oían la reina
zángana y su gran colmena al matrimonio de tana-
tófilos soltar carreta: el hilo pegajoso de su discurso
los envolvía, los enredaba en una densa trama de miel.
En las cortas horas de mi ausencia habían aceptado
que papi se muriera y que se nos derrumbara la casa.
Subí corriendo enloquecido la escalera y entré a su
cuarto: por la persiana entreabierta de la ventana que
daba al volado se filtraban los últimos rayitos del sol,
y en la penumbra insidiosa venía a morir la luz del día.

—Papi —le dije—, no voy a permitir que su-
frás más. Si ya te querés morir, contá conmigo, yo te
ayudo.

¡Quién me mandaba hablar, idiota! Si algo no
quería papi y nunca quiso fue morirse; prefería seguir
arrastrando la carga del manicomio y de su Loca a irse a contarle las tinieblas a la eternidad. Me respondió con un ay cansado, dándome a entender que no
me había oído. Entonces, de súbito, como si un re-

lámpago me iluminara en la ceguedad de la noche el paisaje entero de mi destino, comprendí que tenía que matarlo sin que él se diera cuenta y que para eso, inocentemente, me había infundido la vida tantos años atrás: para que yo, llegado el día, hiciera el papel de la Muerte silenciosa y bondadosa. ¡Conque eso era! Para eso había nacido y vivido. ¡Haber caminado y respirado tanto sin sospecharlo siquiera! Para más fue mi hermano Silvio que entendió pronto y a los veinticinco años una noche, enfermo de lucidez, sin tener que cargar con muertes ajenas se voló de un tiro la cabeza.

¡Al diablo con los muertos queridos, no dejan vivir! Me llaman sin parar desde la tumba.

—Vení, vení —me dicen y con el índice me jalan, arrastrándome hacia su negra noche con una cuerdita invisible de eternidades.

—¡No jodan más, no insistan! ¿No ven que estoy con el psiquiatra confesándome?

Hoy los pienso enterrar a todos, doctor, a paletadas de olvido. ¡Quién fuera como el gallinazo que destripa a los muertos y después se va, se va volando, borrando con su aleteo el cielo que deja atrás! Yo que salgo de esta consulta y les voy a aplicar a todos el borrador del caset. No voy a dejar ni uno solo de esos malditos muertos vivo.

El silencio se apoderó entonces de mi casa y empezó a pesar sobre nosotros como la tapa de un ataúd. Una de las últimas tardes de papi estábamos la Loca, Darío y yo y no sé quiénes más con él en el estudio acompañándolo, o mejor dicho viéndolo morir. La tarde se atascaba en el silencio, no fluía y nadie hablaba. Ni la Loca misma abría la boca para mandar. Yo volví a mi discurso interior, a esta interminable perorata que me estoy pronunciando desde siempre y que no acaba: que lo uno, que lo otro, que por qué sí, que por qué no, que quién soy. Nada, nadie. Una barquita al garete en un mar sin fondo. Y he aquí que desde ese pozo de silencio quieto en el que el tiempo se podría empantanado empecé a oír por sobre el ronroneo de mis pensamientos los ajenos: "¡Eh, qué desgracia no poder mandar, maldita sea!", oí que se decía la Loca. Y oí a Darío diciéndose que él también dentro de poco se iba a morir.

—¡Ya dejen de pensar, carajo, que no me puedo concentrar! —exclamé—. Perdí el rumbo.

Me miraron extrañados y dejaron de pensar. Entonces el tiempo volvió a ponerse en marcha y oí afuera lo que los ilusos llaman "la realidad": los carros pasando por la calle, los pájaros cantando en el jardín... Un instante más de "realidad" e iba a llegar la Muerte. Así lo sentí. Venía a caballo de la tarde que había vuelto a fluir, montada en el tiempo infame.

—¿Qué día es hoy? —pregunté para conjurarla.

—Martes —contestó la Loca.

—No te estoy preguntando a vos, callate.

—¿Y por qué se tiene que callar? —protestó papi desde su marasmo, defendiéndola con sus últimas fuerzas.

—Porque está muerta. Por eso. Porque para mí ya se murió. Y los Misterios que vamos a contemplar hoy son dolorosos. En el primero Cristo cae por primera vez.

—No —me corrigió Darío—. El primer Misterio doloroso es la agonía de Jesús en el huerto.

—¡Qué memoria la tuya, hermano! Y eso que sos un descreído.

—Ya no soy.

—Yo sí sigo siendo. No creo ni en el polvo de esta casa que respiro. Mirá esos libreros lo limpios que están.

Y volvimos al pozo de silencio, a asfixiarnos en él. "Lunes gozosos, martes dolorosos, miércoles gloriosos..." Los recuerdos son una carga necia, doctor, un fardo estúpido. Y el pasado un cadáver que hay que enterrar prontico o se pudre uno en vida con él. Se lo digo yo que inventé el borrador de recuerdos que tan útil me ha sido, y del que le estoy haciendo en estos precisos momentos una demostración. Mire, vea, fíjese: barre con toda la basura del coconut.

Tratando de no pensar, de no oír, de no ver, ya estaba a punto de zafarme de mí mismo cuando empezó a temblar, a sacudirse la tierra como si se quisiera liberar de nosotros aventándonos a la eternidad.

La tendencia natural de este animal bípedo y puerco que se llama a sí mismo "ser humano" cuando tiembla es salir corriendo a descampado en sus dos patas no le vaya a caer el techo encima y lo aplaste y le borre de un tirón sus miserables recuerdos. Pues ninguno de nosotros se movió. En el estado en que estaba papi no había forma de bajarlo al jardín, así que nos quedamos quietos esperando a que la casa se derrumbara y nos enterrara a todos juntos con él en una sola y polvosa tumba.

—¡Lo único que nos faltaba! —exclamé en medio del bamboleo—. Que viniera este viejo marica de arriba a zarandearnos la casa. ¡Tumbala pues hombre a ver si sos tan verraco! ¿Ya te dieron los berrinches de Cristoloco que sacó a fuete a los mercaderes del templo, o qué? ¡Padre de semejante furia tenías que ser!

¡Qué la iba a tumbar ni qué demonios! Berrinches a lo Argemiro. El Padre Eterno es un Argemiro Rendón berrinchudo, y a uno así se le trata así: se le habla fuerte y si no atiende se le propina una patada en el culo. La susodicha no fue necesaria esta vez. No más increpé al Súrsum Corda, al Divino Plasmador, al Altísimo, y el Monstruo se serenó, se le bajó a Don Comemierda Rendón la iracundia. Y escampó como quien dice, telúricamente hablando. Unos cuantos libros se habían caído de los libreros y eso fue todo.

—A que no saben qué se ponía a hacer la abuela cuando temblaba —dije por decir para que no volviera el silencio.

—A rezar el Magníficat —contestó Darío.

¡Qué bien te acordaste, hermano! Te evoco ahora con ella a mi lado de niños en el corredor delantero de Santa Anita florecido de azaleas y geranios, y en sus zunchos colgantes el heno, las alegres melenas, que se mecían al vaivén de la furia de la tierra que no era más que la sinrazón del cielo.

—Ay niños dejen de moverme la mecedora que me van a marear —decía la abuela.

—¡Si no te la estamos moviendo, abuelita. Es que está temblando.

—¿Temblando? ¡Ay! —gritaba como si la hubiera picado un alacrán.

Y cual impulsada por un resorte de colchón se levantaba disparada de su mecedora y en medio del zangoloteo entonaba el Magníficat: "Glorifica mi alma al Señor y mi espíritu se llena de gozo al contemplar la bondad de mi Dios y Salvador porque ha puesto la mirada en esta humilde sierva suya..." Nosotros nos atacábamos de risa, balanceándonos felices en el columpio cósmico. Una bandada de loros cruzaba volando sobre las palmas, y luego pasaba por la carretera una recua de mulas.

—¡Arre, arre! —las apuraba el arriero—. ¡Muévanse mulas!

Sí. ¡Muévanse mulas! ¡Llévense en mil quinientas cargas toda la basura de mis recuerdos!

El albergue de la Sociedad Protectora de Animales de Medellín, capital del matadero, es como un agujero negro del universo porque el dolor que concentra es tan grande que la luz que a él llega en él se muere, de él no sale. Medio millar de perros abandonados de esos que atropellan los carros, que mi hermano Aníbal ha recogido de la calle arrancándoselos a la crueldad humana y a la dejadez de Dios, y a los que con su esposa Nora alimenta y cuida y quiere.

—Aníbal y Nora —les explico a ambos—, el amor de dos repartido entre tantos se vuelve muy poca cosa: a cada perro del albergue le toca muy poquito y ese poquito no le basta. La vida de un perro sin amo no tiene sentido.

—¿Y la del hombre qué? —me rebate Aníbal.

—Ah, hermano —le respondo yo—, eso sí ya es otra cosa. Nosotros estamos aquí abajo para cumplir el plan creador de Dios, o en su defecto el quinquenal del Partido Comunista.

Mi tesis es que a los quinientos perros del albergue y a los doscientos gatos (porque han de saber que para colmo de angustias y de males Aníbal y Nora también recogen gatos), por caridad, para librarlos de su soledad y del dolor hay que matarlos. Ahora bien, si como siempre estoy en lo correcto, ¿quién los mata? ¿Aníbal? ¿Nora? ¿Yo? ¡Ni lo sueñen! Yo con gusto empalo por el culo al Papa, ¿pero tocar a un animalito de Dios? Ni a un perro malo, vaya, que también los hay, como también hay gente buena, por excepción. Para mí los perros son la luz de la vida, y a los que les preguntan de capciosos a mi hermano y a Norita que por qué mejor no recogen niños abandonados yo les respondo así, con estas textuales y delicadas palabras:

—¿Cuántos han recogido ustedes, cristianos bondadosos, almitas caritativas, hijos de la gran puta? ¡Si ustedes son los que los engendran y los paren y los tiran después a la calle!

Y consecuente conmigo y mi rigor dialéctico, reparto entre los susodichos condones envenenados, y entre sus hijitos abandonados chocolatinas igual, no vayan a crecer estos hijueputicas y después nos maten.

En todo niño hay en potencia un hombre, un ser malvado. El hombre nace malo y la sociedad lo empeora. Por amor a la naturaleza, por equilibrio ecológico, para salvar los vastos mares hay que acabar con esta plaga.

Ah, y se me olvidaba, mientras Aníbal y Nora limpian día y noche mierda de quinientos perros y doscientos gatos y cargan solos una inmensa carga de dolor que nadie les ayuda a llevar, Juana Pabla Segunda la travesti duerme bien, come bien, coge bien, y así, con la conciencia tranquila, bien dormido, bien comido, bien cogido, entre una nube de angelitos con dos alas se nos va a ir esta bestia impune al cielo del Todopoderoso. Alí Agcka, hijueputa, ¿por qué no le apuntaste bien?

Bueno bueno, al grano grano, no más preámbulos y vamos a lo que vinimos: vine al albergue por el Eutanal, el elíxir de la buena muerte, para sacar de sus sufrimientos a papi. Bien sabía donde estaba, en la vitrina de los remedios del consultorio de la entrada, porque años atrás estuve allí ayudando a morir a un perro agonizante. Entonces juré nunca más volver a ese lugar de dolor que me destruía el alma, pero nunca hay que decir de esta agua no beberé, viviendo como vivimos en un pantano, y aquí me tienen aguantando lo inaguantable. Al perro lo recogimos de una alcantarilla a la que había ido a caer con la columna rota, atropellado por un carro, y en la que llevaba días muriendo sin poder salir, según nos informaron unos fulanos del barrio, bajo las lluvias rabiosas de una temporada de lluvias en que se desfondaba el cielo de Antioquia.

—¿Y por qué no lo sacaron? —les pregunté.

Que no se les ocurrió.

Atropellado, el perro debió de querer cruzar la alcantarilla, de bordes muy pendientes, para volver a su casa (¿pero es que tenía casa?), y de allí no pudo salir. Días y noches llevaba agonizando entre la mierda, la mierda humana que es la mierda de las mierdas. Sacándolo como pudimos, cargándolo como pudimos, tratando de no aumentarle su inconcebible dolor, en la camioneta destartalada de Aníbal lo llevamos al albergue. No bien le inyectamos en la vena el Eutanal y sin que transcurriera ni siquiera un segundo el perro murió. Entonces empecé a maldecir de Cristo el loco y de su santa madre y de su puta Iglesia y de la hijueputez de Dios.

Ay abuela si me oyeras, si vivieras, si supieras en lo que se han convertido mi vida y este país y esta casa, ya ni nos reconocerías. En mi cuarto escueto en que la noche empantanada no avanza, mirando por entre las tinieblas sin ver, miro el sillón vacío de la abuela, el sillón en que la abuela se sentaba a oír correr las horas cuando el abuelo se murió y ya no tuvo aliciente para seguir viviendo y se quedó mirando al techo. ¡Aliciente! La palabra es suya, de ella, y también ya se murió. Se murió y ni nos dimos cuenta.

—Yo tampoco tengo aliciente, abuela. No sé qué hago aquí.

—¿Nunca se te ha antojado casarte, m'hijo? —me preguntaba.

—Casarme lo que se dice casarme no, mas sin embargo ya tengo cuatro o cinco mujeres con de a cuatro o cinco hijos por cabeza que no dan respiro.

—Mentiroso, no te creo.

—¿Tampoco me creés abuela si te digo que te quiero más que a nadie, más que a Dios?

—No digás blasfemias, muchacho.

—Entonces me voy.

Y el blasfemo se despedía dándole a la abuela un beso en la frente y se iba a Junín, al centro, a tomarle el pulso al matadero.

—¿Qué noticias hay, m'hijo? —me preguntaba ansiosa cuando subía a saludarla de regreso.

—Nada, abuela, todo lo mismo, lo mismo de todos los días: muertos, muertos, muertos. Hace un ratico en el bus en que yo venía, el de Laureles, a un señor le pegaron cuatro puñaladas.

—¡No!

—Sí, ¿por qué no? Y expiró. Aquí el que está vivo está expuesto a todo, máxime si le va bien y se ríe. En este país lo que respira estorba.

—¿Y por qué lo mataron, m'hijo?

—Porque estaba vivo y somos muchos y ya no cabemos. Hay que matar para abrir campo donde acomodar los que nazcan pues el espacio es finito. ¡Además vaya uno a saber qué cuentas pendientes tendría el viejo, qué culebras! Aparte de vos, abuela, en este mundo hoy por hoy no hay inocentes. Vos sos la última que queda y ya te nos vas a morir.

—No te creo nada, me estás inventando lo del señor, zumbambico.

—Ojalá, abuela. ¡Qué más quisiera yo que todo fuera leche y miel! Pero no, esto es un valle de lágrimas cargado de sufrimiento.

A la abuela, que cuando yo era niño me tenía que inventar cuentos de brujas, de muchacho yo le tenía que inventar noticias. Mucho trabajo no me costaba teniendo como tenía afuera, de modelo, la realidad. Me quedaba siempre corto. A veces, para darle una tregua en medio de tanta tragedia y un asidero a la esperanza, le inventaba que el papá de un amigo mío, que era pobrísimo, se había ganado la lotería:

—¡Ciento cincuenta mil ochocientos millones de billones! ¿Te imaginás?

—Me alegro por él. Que haga mucha caridad.

—¡No, si no es pendejo! Caridad harán los pobres en sus mentecitas sucias en las que regalan a manos llenas porque no tienen qué dar. ¿Pero los ricos? Del dicho al hecho hay mucho trecho. Y me voy, a leer a Heidegger. Más tarde te cuento lo que pasó esta mañana en Junín.

¡Qué iba a pasar en Junín aparte de los consabidos muertos! Bellezas y más bellezas eran las que pasaban por esa bendita calle de esos benditos tiempos de mi atrabancada juventud. Ya no más. Las bellezas se esfumaron y el humo se fue derechito al cielo de los recuerdos. Y no podía ser de otro modo, regidos como vivimos por las leyes de Murphy y de la termodinámica que estipulan que: que todo lo que está bien se daña y lo que está mal se empeora. Muchachitos y muchachos de Junín, idos sois. Os borró de un plumazo Cronos, el descabezador de bellezas. Y hoy por mi pobre calle sólo transitan zombies y saltapatrases, que es en lo que se ha convertido esta raza asesina, cada día más y más mala, más y más fea, más y más bruta, más hijueputa, que camina con las dos patas metidas en el lugar común de unos tenis apestosos. ¿Por qué desperdiciará China en pruebas subterráneas tanta bomba costosa habiendo aquí donde tirarlas, a la luz del día y calentando el sol? ¡Ay abuela si supieras, si vivieras, pero no! Por fortuna no.

Pero dejemos esto y que los vivos sigan matando a los vivos y los muertos enterrando a sus muertos que la oscuridad ahora es reina de la noche. Aparte de mi cama y una silla del comedor para poner mi ropa, no hay pues más mueble en este cuarto mío que el sillón vacío de la abuela, a quien no quiero volver a recordar. Lo que me quiero es dormir, sin oírme, sin pensarme, sin hablarme, sin volverme a decir las mismas cosas, contando ovejas o lo que sea, muchachos en una piscina o soldados en un cuartel. ¡Qué fresquecito que era mi Medellín en mi infancia! Soplaba la brisa juguetona sobre los carboneros de mi barrio, meciéndoles las ramas, pulsándoles las hojas, improvisando sobre el pavimento de la calle, con mucha séptima de segunda y novena de dominante, una rapsodia de sombras en sol mayor. ¡Nunca más! Mi barrio se murió, los carboneros los tumbaron, las sombras se esfumaron, la brisa se cansó de soplar, la rapsodia se acabó y esta ciudad se fue al carajo calentando, calentando, calentando por lo uno, por lo otro, por lo otro: por tanta calle, tanto carro, tanta gente, tanta rabia. Subiendo de grado en grado por un concepto u otro hemos terminado bajando de escalón en escalón a los infiernos. ¡Ay amigo Jorge Manrique, todo tiempo pasado fue más fresco!

Conseguido el Eutanal, fui con mi hermano Carlos adonde el último amigo que le quedaba a papi, Víctor Carvajal, a avisarle que papi se moría. La Loca, con su roñoso egoísmo, no quería que nadie se enterara para poderse disfrutar ella sola toda su muerte. Pero una cosa es lo que quería ella y otra muy distinta lo que quería yo. Unos meses antes, sin alcanzar a tomarse siquiera el aguardiente de la despedida, por el trillado camino de la muerte se nos había ido el otro cercano amigo de papi, Leonel Escobar. Pues mientras caminábamos rumbo a la casa de Víctor rumiando la tristeza, recuerdo que una repentina felicidad nos invadió porque nos pusimos a recordar el entierro espléndido que le hicieron a Leonel sus hijos, durante el cual se bebieron, entre ellos y otros deudos, y entre rezo y rezo del cura y canción y canción de los serenateros, ciento cuarenta botellas de aguardiente que se dicen rápido, una gruesa. Una gruesa se bebieron los cabrones en botellas de aguardiente a la salud del difunto, o mejor dicho en su recuerdo. ¡Y pensar que el pobre Leonel al final no podía ni probar al inefable!

—Olerlo sí —me explicó cuando conversamos la última vez en su casa, fluyendo su última tarde por su balcón.

Ya le habían dado tres infartos, tenía diabetes, y con la diabetes la circulación hecha un desastre, "una alcantarilla taquiada".

—¿Y por qué no destaquiás, hombre, la alcantarilla con aguardiente, que es bendito pa licuar la sangre?

Que qué más quisiera, pero que el médico no lo dejaba.

El espíritu, eso sí, lo tenía Leonel intacto, con su alegría de siempre y su optimismo risueño, en do mayor.

—Mirá Leonel —le expliqué—, no les hagás caso a los médicos que vos ya no tenés remedio. El caso tuyo está más perdido que el hijo de Lindbergh. Mañana voy a venir con una tira para medir el azúcar, una botella de aguardiente y una ampolleta de insulina, y vas a ver si podés tomar o no. ¿Que el aguardiente te sube el azúcar? Te inyecto insulina y te la bajo. ¿Que la insulina te la baja? Te doy más aguardiente y te la subo. Y así, cayéndose y parándose Cristo vas a ver que llegás al Calvario.

No alcanzó a ver, no pudo. Esa noche le dio el cuarto infarto y mi señora Muerte se lo llevó, dejándomelo grabado en lo más hondo de la cabeza, para siempre, mientras me siga bombeando sangre el corazón. Un diciembre en Santa Anita, siendo nosotros niños, se nos apareció Leonel con un globo de ciento veinte pliegos, inmenso. Inmenso, inmenso, inmenso, el más inmenso que hubieran visto mis ojos y los cielos de Antioquia, un regalo colosal. En el corredor delantero de la finca lo elevamos. Sesenta manos de cristiano se necesitaron para sostenerlo y veinte mechones para llenarlo. Cuando el último mechón le acabó de llenar la insaciable panza de humo y empezó a tirar, le encendimos la candileja y soltamos. Y dejando abajo la humana especie, la alta palma y los gallinazos, el globo se fue, se fue, se fue, y subió, subió, subió hasta llegar al cielo de mi señor Diosito desde donde ahora está Leonel mirándome.

—Leonel, ¡hace aquí abajo un calorón!

Entonces Leonel me manda, con su bendición, la lluvia: una lluviecita traviesa, irresponsable, anisada, con un saborcito indeciso entre aguardiente de Antioquia y aguardiente de Caldas.

—Gracias Leonel, merci beaucoup.

Llegamos adonde Víctor, tocamos y nos abrió, y antes de que se recuperara de la sorpresa de verme en Medellín pues me hacía en México le di la noticia:

—Papi está prácticamente muerto. Los médicos le recetaron cáncer del hígado, y que ya no hay nada qué hacer. Que dizque tiene para unas horas o días, si acaso. Te lo venimos a avisar para que estés enterado.

Así, de sopetón, con la rotundidad de un rayo que cae sin decir agua va es como damos las noticias los que fuimos educados en una casa de locos por una loca. Qué le vamos a hacer, así hemos sido y somos y seguiremos siendo; el árbol torcido no lo endereza nadie. Claro que con esa forma de dar uno las noticias a veces uno mata al que las recibe, pero eso está bien, ya no cabemos, hay que controlar como sea el desenfreno de la población.

Víctor se apoyó contra el marco de la puerta (lo que tenía más cerca) y vi el dolor y el pasmo reflejados en su cara. Era amigo de papi desde antes de que yo naciera, y en los ires y venires de sus vidas, de sus largas vidas, ni la sombra de una desavenencia había empañado su entrañable amistad. Tuvieron juntos una finca, La Solita, y un periódico, El Poder. Dos fracasos, y se explica en tratándose de caballeros, pues el éxito es prerrogativa de granujas. No sé por qué le pusieron a su periódico semejante nombre que designa el más grande embeleco de cuantos le han llenado su cabecita ventajosa y roma al hombre, siendo que ellos eran gente de bien y ese señuelo infame lo más lejano de sus ilusiones, que se iban cabalgando por los potreros de La Solita entre terneras y vacas, con el sol en la cabeza y con el viento en la cara, y una botellita de aguardiente en las alforjas. El poder, inocentes, en Colombia no está en un potrero: está en el solio de Bolívar o silla de la ignominia donde sientan, en ese país sin remedio, sus liberales o conservadores culos los presidentes, nuestra roña. El Poder duró dos años y se cerró solo, calladamente, sin un lamento ni una mísera esquela de defunción en los otros dos periódicos de Medellín: El Correo y El Colombiano, la competencia, unos pasquincitos alzados de pueblo. Arriba de uno de los baños de mi casa, en un desván que llamábamos "el zarzo", papi guardaba un ejemplar de cada número, empastados en varios tomos, por si alguien algún día le ponía una demanda por lo que allí había escrito tener con qué poderse defender.

—¿Y por qué te habrían de demandar, papi?

—Porque así somos aquí en este país leguleyo.

Un día especialmente ocioso, de ocio absoluto, mis hermanos y yo, que vivíamos hartos de rezar el rosario y no sabíamos qué hacer con nuestras vidas, bajamos del zarzo los grandes tomos de El Poder, y en una hoguera espléndida en el patio los quemamos. Casi se siguen las llamas con la casa. A cubetazos de agua logramos apagar el incendio, pero un poco más y El Poder nos deja durmiendo a la intemperie. Ésa era una casa vieja de tapia, que arde de lo más bien.

Fincas tuvo varias, a cuál más mal negocio. Desde que tengo memoria lo recuerdo fantaseando con una finca, castillo de naipes, de sueños, de viento. La Esperanza se llamó una, otra La Cascada, otra La Solita que ya les dije, y otras y otras que ya olvidé. Les ponía agua, luz eléctrica, pesebrera, y trapiche si eran de caña o "beneficiadero" si eran de café. Les sembraba un platanal, un naranjal, un limonero, desyerbaba, fumigaba, abonaba, poseído por una furia maniática de construcción. Y cuando ya las tenía sembradas, desyerbadas, fumigadas, abonadas, instaladas, y veía que le iban a empezar a producir, las vendía por lo que le costaron o menos. ¿Mal negocio? ¡Qué mal negocio iba a ser! Eran el negocio de su vida puesto que se la llenaban y le mantenían encendida, como la veladora del Divino Rostro, día y noche, sin descanso, La Esperanza. Que pongo con mayúscula por su finca, en la que él había corporizado la segunda virtud teologal.

—Papi, ¿nunca te has querido morir?

Ni me contestaba. Él no tenía un segundo que perder contestando preguntas idiotas. Y se iba a cercar un potrero, a reparar una acequia, a desgusanar unas vacas. Yo me iba tras él.

—¿Qué les estás untando, hombre papi, con esa pluma de gallina a esas vaquitas?

—Veterina.

—Ah...

Era un remedio para los gusanos de las vacas. Y santo remedio para las angustias existenciales del cristiano. ¡De dónde saca uno tiempo para morirse con tanta cosita por hacer!

Papi, la finquita que tuviste en compañía con el doctor Espinosa yendo hacia Caldas y que sembraste de hortensias, esas flores de corimbos terminales y corolas azuladas que eran tan tristes que no servían ni pa flores de cementerio y nadie te las compraba, ¿cómo era que se llamaba, sí te acordás? ¡Claro que se acordaba! Yo soy el que no me acuerdo ahora, y no hay forma de que él vuelva a contestar.

También La Esperanza la tuvo al principio en compañía con el doctor Espinosa, pero le compró su parte, para acabar cambiando a ciegas la finca entera por una casa que justo en el momento en que íbamos a entrar muertos de la curiosidad a conocerla, y después de haber luchado hora y media para abrir la puerta (la puerta dura, la puerta vieja, la puta puerta), se derrumbó. Hizo "¡pum!" y se deshizo en un polvaderón fantástico. Quedó en pie ante nuestros ojos atónitos, enmarcando el polvo, el solo marco de la puerta.

Por La Esperanza corría el río más bravo y emberrinchado que he conocido, el San Carlos, un río Mayiya que cuando se crecía se llevaba, echando espumas de rabia, lo que se le atravesara: vacas, platanares, casas... Y un día se llevó a la anaconda Martha, una boa de media cuadra de largo pintada de manchas oscuras que respondía al nombre de mi hermana y que salía a veces por la vega de la finca muy oronda a pasear. Corriendo después el tiempo y el río, para encauzar tanta vitalidad descarriada metieron en cintura al San Carlos y lo pusieron a mover una central hidroeléctrica, llegándole a sacar tal cantidad de megavatios, que con la sola luz que él producía había de sobra para alumbrar a Colombia, que es el doble de España y el doble de Francia. ¡Ay, el San Carlos, cómo lo quise! Era un río hermoso, luminoso, y godo como nosotros, o sea del partido conservador.

Una mañana sulfurosa en que el astro rey calentaba, le dio al doctor Espinosa por bañarse en la mitad del río y un remolino lo agarró. Por la cintura lo agarró, y lo puso a girar como un trompo. Y girando, girando, girando al doctor Espinosa, Espinosa en redondo, lo iba jalando el río hacia el fondo, hacia el fondo hasta hacérselo tocar por irrespetuoso con las patas. ¡A quién se le ocurre meterse a bañar en la mitad del San Carlos! Unos segundos después, digamos cinco o seis, volvía a salir el doctor Espinosa a la superficie y gritaba:

—¡Socorro!

Y otra vez p'abajo, a tocar otra vez con las patas el lecho pedregoso.

—¡Papi, papi, corré que se está ahogando el doctor Espinosa, ese tacaño! —le gritábamos nosotros, que nos estábamos bañando con el mayor respeto en la orillita.

Apergollado por el río, bailando un "pas de deux" con la Muerte, volvía a salir el doctor Espinosa a la superficie a gritar lo mismo con voz desfalleciente:

—¡Socorro!

¡Ay, socorro! A mí se me hace tan ridículo pedir socorro... Será porque así se llamaba una sirvienta que tuvimos, Socorro, sucia y desdentada de tanto fumar y echar humo por la chimenea negra de hollín de su boca.

Papi, que andaba en el platanal trabajando mientras su socio avaro y haragán disfrutaba de la vida y sus delicias y en el heracliano río se bañaba el epicúreo, acudió a nuestro llamado con la cañabrava con que estaba apuntalando una mata de plátano. ¿Y qué pasó? Lo que pasó pasó y ya lo conté en "Los Días Azules".

Pasa el ventarrón del tiempo tumbando matas, derribando casas, llevándose los castillos del ensueño, los embelecos de la ilusión. ¡Al carajo, al carajo, al carajo!

Pero empecé en La Solita y acabé en La Esperanza, y dejé a Víctor apoyado contra el marco de una puerta. Sentate Víctor y descansá que esto se acabó: papi ya se murió, y aunque creás que estoy vivo porque me estás leyendo, ¡cuánto hace que yo también estoy muerto! Hoy soy unas míseras palabras sobre un papel. Ya se encargará el Tiempo todopoderoso de deshacer el papel y de embrollar esas palabras hasta que no signifiquen nada. Todo se tiene que morir. Y este idioma también. ¡O qué! ¿Se cree eterna esta lengua pendeja? Lengua necia de un pueblo cerril de curas y tinterillos, aquí consigno tu muerte próxima. Requiescat in pace Hispanica lingua.

Por lo pronto, mientras se muere el que se tenga que morir, me limpio el culo con la nueva Constitución de Colombia y sus ciento ochenta erratas, que es con las que la expidieron nuestros señores Constituyentes, hijos todos y a mucho honor de sus putas madres. Nox tenebrarum, ite missa est. Arrodillado ante el Señor mi Dios, el Todopoderoso que tiembla y truena, al Dios del cielo le pido que:

Que me gane la lotería.

Que el esquivo amor no se me vaya como un pez escurridizo por entre los dedos.

Y que muera en la impenitencia final maldiciendo de Ti y bendiciendo al Demonio, mi Señor Satanás que sobre la noche reina.

Amaneció y vino un empleado de banco a dar fe de que papi nos traspasaba el dinero de su cuenta bancaria y de que ante su imposibilidad de firmar lo hacía mi hermano Carlos por él. Concluida la diligencia y cuando el empleado se iba llegó Víctor. Lo hice pasar y nos quedamos un instante en silencio en el vestíbulo, junto a la escalera, sin saber qué hacer. En la fugacidad de ese instante desolado pude leer sus pensamientos: estaba pensando en papi y en lo mucho que habían vivido juntos.

—Subí a verlo —le propuse.

Pero no me contestó. Lo sentí perdido. Para no tener que subir siguió con timidez a la sala. A la sala de esa casa ajena que sin embargo era la de su amigo del alma. ¿Y por qué ajena? En sus muchos años de amistad con papi, que abarcaban la vida mía, no recuerdo haberlo visto más que unas cuantas veces en mi casa, y sólo en la sala. La presencia de la Loca lo excluía. Para los que no fuéramos su marido y sus hijos la Loca había levantado en torno de mi casa una muralla de intimidad polvosa insalvable. ¿Pero de mi casa, digo? ¡Su manicomio, idiota! El manicomio donde reinaba esta mujer desquiciada con el engendro que tras de nosotros parió. En cuanto a éste, silbaba por donde iba como si fuera un pájaro: era su forma de respirar. ¿O estaría cortejando a alguien? ¿A una gallina?

Víctor pasó a la sala y se sentó en un sillón. Entonces vi a la Muerte mirándonos. Ahí estaba, la solapada, con sus mil ojos burlones de omnipresencia rabiosa que todo lo ven, envuelta en unos velos sucios, desgarrados, su manto de ceniza. Cuando me dirigí a la cocina a prepararle a Víctor un café, los velos a mi paso se esfumaron: la Muerte se hizo a un lado y se deshizo.

En la cocina me tropecé con Marta y me eché a reír. Me acordé del diagnóstico que acababa de hacerle mi hermano Manuel: que estaba la pobre tan flaca que se le podía tomar una radiografía con una vela. Y así era, en efecto, la angustia la iba a matar. Si papi no se moría pronto de lo que tuviera, se moría ella de angustia antes que él. Lo cual me afirmó en mi decisión.

—Martica —le dije entonces en la cocina—, papi ya no tiene remedio, y que siga sufriendo no tiene sentido. Lo voy a ayudar a morir.

Y moviendo ollas, vasos, tazas, platos, rompiendo con su ruido su silencio angustiado empecé a buscar el café y a maldecir de la Loca y su insania: no había. En esa casa de un país que había apostado su destino a esa maleza y que la producía por millones de toneladas no había ni un miserable paquete de café. Claro, como la Loca no tomaba café... ¿Por qué habríamos de tomar entonces nosotros? Y como la Loca de paso tampoco comía porque le había dado por ponerse a dieta... ¡Que aguantáramos hambre también!

—El que come poco vive más —sentenciaba y punto. Palabra de Dios.

El egoísmo de esta mujer destornillada que se creía infalible, dueña de la verdad como Papa, se expandía con una insania tal que mucho cuento era que no estallara y nos volara en una explosión iracunda la casa.

—¿Y ahora qué le vamos a dar a Víctor? —le pregunté a Marta enfurecido.

—Aire que es lo que comemos aquí —me contestó y nos echamos a reír.

—¿De qué se ríen? —preguntó con curiosidad la Muerte, que me había seguido retardada a la cocina y no había alcanzado a oír.

—De vos, entrometida, zángana —le contesté—. ¡De quién más! ¿Y dónde andabas, haragana? ¿Descansando? Quitate de ái que estás estorbando, no te me atravesés más. Dejame pasar.

Se hizo a un lado ofendida, salió de la cocina al jardín y por el cielo del jardín se marchó.

—¿Adónde vas, puta? —le grité mientras se iba dejando en el ciruelo enredados jirones de sus velos de ceniza—. ¿Vas por el Papa, o qué? Andá pues de carrera por ese viejo mariquetas pero no te tardés que aquí hacés mucha falta. En este país de mierda sobran como cuarenta millones. Llevátelos a todos, incluyendo a las bellezas si querés, que total de unos años para acá ni se les para. Han caído en una impotencia rabiosa y sólo copulan para parir. Te lo digo yo, mujer, que conozco íntimamente a todos estos hijos de puta.

—¿A quién le estás hablando? —me preguntó Marta asombrada—. ¿Se te corrió la teja?

¿La teja? ¿A mí? ¿A mí, a mí, a mí, en un planeta devastado y cuando ya no tenemos redención? ¡Si morirse no es tan grave, niña! Lo grave es seguir aquí. Qué manía tan mezquina ésta de los mortales de aferrarse como garrapatas a la vida, a contracorriente de nuestra profunda esencia.

No sé por qué le conté a Marta que había decidido apurarle la muerte a papi, y después de ella a Carlos y a Gloria. Tal vez porque era demasiada la carga para mí solo. Necesitaba cómplices en el horror. A Aníbal lo excluí porque con sus quinientos perros y doscientos gatos tenía sufrimiento de sobra. A Manuel y a Darío por irresponsables. Que siguieran este par de irresponsables el uno fabricando hijos con sus mujeres y el otro en sus orgías con sus muchachos: con su sida, su aguardiente y su marihuana, y no pongo en la presente lista el basuco porque de ése sólo me enteré más tarde, cuando mi pobre hermano Darío, que nunca tuvo remedio, ya no tenía salvación.

Pero volvamos adonde estábamos y sigamos para adelante, rumbo al sitio designado donde nos está esperando la Muerte, el vacío inconmensurable de la nada, el despeñadero de la eternidad.

—Víctor, no hay nada qué darte, ya sabés como es esto aquí. Vivimos en el permanente ayuno, en un faquirismo inveterado. ¿Vos ya desayunaste? Pues contentate entonces con eso, hombre feliz, afortunado, que el manido verbo "comer" lo borramos nosotros desde hace mucho del diccionario por originales. Y en eso sí, modestia aparte, nos podemos considerar pioneros del género humano. Hambre es lo que llevamos aguantando en esta casa desde que sentó su infame culo en el solio de Bolívar el bellaco de Samper, y lo que le espera al mundo. Por lo pronto al que no lo mate en este puto manicomio un cáncer o un sida lo mata el hambre.

Y para llenar el silencio que amenazaba con instalarse entre nosotros le pedí que me contara de sus hijas, de sus hijos, de lo que fuera. Que se acordara de cuando ellas eran tres y tres nosotros y salíamos de paseo los domingos, en dos carritos destartalados, a acampar a la orilla de las quebradas y a bañarnos los niños en sus charcos. Después nacieron otros en su casa y otros en la mía y fuimos muchos, y las quebradas fueron a dar al Cauca, al río, al mío, rumoroso, que tiene una "u" en medio y que ya va llegando al mar.

Volvió la noche como todos los días, puntual, exacta, a las seis que es cuando en Medellín oscurece. El cielo se encendió de estrellas y cocuyos y se encendieron de foquitos las montañas.

—¿Cuántos hijos de puta estarán naciendo en estos precisos momentos? —me pregunté.

—Millones —me contesté—. La Muerte no se da abasto con semejante paridera.

Pero al decírmelo reparé en que "darse abasto" no era una expresión mía sino de la abuela. Ay abuela, Raquelita, niña mía, no habías muerto, seguías viviendo en mí, extraviada en mis pensamientos.

Pasé al cuarto de papi y me encontré con que Carlos le estaba conectando una nueva botella de suero:

—Quedan ésta y otra para la noche —me informó. Mañana habrá que comprar más.

Pero bien sabía él que no, que papi ya no tenía mañana. Lo había dicho para que papi oyera y creyera que iba a seguir viviendo. Y hacía bien. Mientras uno no se dé cuenta de que se muere, bendita sea la Muerte.

Carlos graduó la nueva botella, y las goticas que en un principio cayeron rápido se dieron a desgranarse pausadamente, calmadamente, al ritmo incesante y seguro de un rosario.

—Los misterios que vamos a contemplar hoy son dolorosos, ¿o no abuela?

—Sí m'hijo —me contestó.

—¿En el primero qué es lo que se contempla? ¿Que le dan como un millón ciento cincuenta mil quinientos latigazos en la espalda a Cristo y lo dejan vuelto un Nazareno?

—No te burlés de la religión, niño, que te vas a ir derechito a los infiernos.

—Mejor. Estoy harto de esta casa tan aburrida donde no pasa nada. Aquí lo único que hace uno es rezar. Lunes rosario, martes rosario, miércoles rosario, jueves rosario, viernes rosario, sábado rosario, domingo rosario. ¿No te cansás de esta repetidera?

—Pero si fuera una película, eso sí les iba a gustar...

—¡Claro! Es que cada película es distinta y el rosario es el mismo: avemarías y avemarías. ¿Nunca se te ha antojado ir al cine, abuelita?

Que para qué, que ésas eran novelerías.

—¿Novelerías "El Corsario Rojo" o "El Corsario Negro"? Por Dios abuela, estás loca, no sabés lo que decís. ¿Por qué hablás de lo que no conocés? Vos lo único que sabes es lavar, planchar, barrer, trapiar, cocinar, criar gallinas y marranos, cuidar perros y limpiar café. Ah, y oír radionovelas. ¿Cuántas te oís al día? ¿Cinco? ¿O diez? ¡Qué aburrición!

—¡Eh! ¿Y por qué me tienen que llevar la cuenta? ¿Es que ustedes pagan la luz?

—No abuelita, no es por la luz, la luz la paga el abuelo. Es que las radionovelas te pueden embrutecer.

Oía, como dije, entre cinco y diez y las mezclaba todas, la de las once de la mañana con la de las seis de la tarde, y si uno le preguntaba por una la confundía con otra. Su mundo era una lucha inacabable entre los buenos buenos y los malos malos. ¿Y yo, abuelita, dónde estaba? ¿Entre los buenos? ¿O entre los malos?

La televisión nunca le gustó porque no tenía poder de sugestión. Porque las imágenes, que son unívocas, no le encendían como las palabras la imaginación, que se le iba en las radionovelas a galope tendido sobre las ondas de radio por la estepa congelada de Rusia con el correo del zar, o al asalto lanza en ristre de un castillo medieval. Por pobreza de presupuesto, por mezquindad de país, por indigencia mental, las telenovelas colombianas en cambio pasaban todas en un cuarto y sus actores eran tan feos, tan feos, tan sosos, tan desangelados que haga de cuenta usted gentecita corriente de la vida, de la que uno ve día a día por montones en la calle, orinando contra un poste o caminando en sus dos patas. ¡Qué aparatico imbécil el televisor! Maravilloso el radio y sus radionovelas en que la señora podía, si quería, imaginarse que andaba en lecho de rosas tomando champaña con el Príncipe Azul. Aunque pensándolo mejor, ¿para qué iba a querer mi abuela tomar champaña habiendo chocolate? ¿Y para qué un Príncipe Azul si tenía a su lado y para siempre a mi abuelo?

—Abuelita, ¿vos querés al abuelo?

—Qué pregunta tan boba, niño. ¡Claro que sí!

—Entonces decime a quién querés más: a él o a mí.

—A los dos.

—No abuela, no me trampiés, no te me salgás por la tangente. Contestame: a quién más: a él o a mí.

—A los dos.

Y de ahí no la sacaba nadie. Pero yo bien sabía que a quien ella quería más era a él. Después de él, eso sí, la verdad sea dicha, por sobre sus centenares de hijos y nietos me quería a mí. Yo por mi parte la quería a ella más que a nadie, con un amor ilimitado. Si ella no me correspondía en la misma medida, qué me importa, qué carajos, el amor es así: desbalanceado, desajustado, desequilibrado, cojo.

Y ahí voy, arrastrado por la noche lenta, en esa cama desvencijada de tabla que crujía hasta por los vaivenes de mi conciencia, y en la que ni cabía porque la había hecho en tamaño liliputiense mi tío Argemiro, el genio, cuando le dio por meterse a carpintero, a fabricar mueblecitos en miniatura para adultos, con los pies en el aire y zumbando en el aire los zancudos, cortando el tiempo inconsútil estos hijos de puta con su zumbido, trazando rayitas en la oscuridad como cuchillas de afeitar que me descosían el alma. Si la cama al menos no fuera tan corta y la noche tan larga y los "musiciens" no zumbaran y se callaran... Pero no, por las leyes de Murphy que rigen el Universo, todo en el peor de los mundos tenía que andar mal. Y maldecía del presidente-perro de México José López Portillo que trajo a este planeta desventurado la plaga de los zancudos. Granuja ensoberbecido, vano, hinchado de presunción y de humo por tu PRI corrupto del que fuiste capo sexenal, ¿te nos vas a ir de este mundo impune, tu país alcahueta no te piensa castigar?

Y he aquí que volviéndome del país del peculado al país de los sicarios suenan afuera unos tiros de ametralladora, y el alma que me habían descosido los zancudos con sus cuchillas de afeitar me la vuelven a coser a bala las ráfagas de la metralleta: tas-tas-tas-tas-tas-tas-tas. Colombia asesina, malapatria, país hijo de puta engendro de España, ¿a quién estás matando ahora, loca? ¡Cómo hemos progresado en estos años! Antes nos bajábamos la cabeza a machete, hoy nos despachamos con mini-Uzis. Y remontando el río del tiempo, a contracorriente de sus apuradas aguas que me quieren arrastrar, empecinadas, a la muerte, volvía los ojos a mi niñez, a los descabezaderos de la noche en mi niñez cuando el machete tomaba posesión de Colombia. Machete conservador o liberal, compatriota, paisano, hermano, que saltabas desde el rastrojo a mansalva a cortar los fríos rayos de la luna con tu filo rojo de sangre, ya te cambiaron, ya te olvidaron, pero yo no, aquí estoy yo el que nunca olvido para rezarte y evocarte y recordarte y recordarle a tu Colombia desmemoriada, ingrata, que tú exististe un día en que fuiste el rey de la noche. Municipio de Medellín, Departamento de Antioquia, República de Colombia, papel sellado, firmas, sellos y estampillas, burocracias, y bajando por los ríos de la patria los decapitados: descabezados por los machetes, despanzurrados por los gallinazos, hinchados por el agua y todos, todos, todos, conservadores y liberales por igual, igualados por la Muerte, mi madrina, la verraca que es la que rubrica siempre abajo todos los sumarios. Y que vengan los loros verdes políglotas de lengua gruesa y me digan si sí o si no. Loritos conservadores y loritos liberales, hermanos míos en Colombia la del odio, no se hagan ilusiones con las palabras que son bien poca cosa: torpes, imprecisas, men-

dicantes, incapaces de apresar la cambiante realidad
que se nos escapa como un río que pretendiéramos
agarrar con la mano. "¡Viva el gran partido liberal,
abajo conservadores hijueputas!" pasaba gritando
una bandada de loros sobre la finca de mi niñez, Santa Anita. Salíamos corriendo con una escopeta a tumbarlos. ¿Tumbarlos? Se nos iban como un polvaderón verde, dejándonos en el azul del cielo una estela
de carcajadas: "¡Jua, jua, jua, jua, juaaaa!" Más tarde
pasaba otra bandada, ahora de loros conservadores,
copartidarios de mi papá, y gritaba: "¡Viva el gran
partido conservador, abajo los liberales!" O sea lo
mismo pero al revés. ¿Y eso por qué? ¿Por qué los
unos una cosa y los otros otra? Hombre, porque a los
unos les daba educación doctrinaria el Directorio Liberal de Antioquia, que presidía el doctor Alberto
Jaramillo Sánchez, y a los otros el Conservador, que
presidía el doctor Luis Navarro Ospina, santo varón
que madrugaba todos los días a misa y que tenía el
pelo cortado en cepillo. ¿Pero a quién carajos le importa hoy esto? A nadie. Conservadores y liberales
por igual eran una mísera roña tinterilla, leguleya,
hambreada de puestos públicos, y en siglo y medio
de contubernio con la Iglesia se cagaron entre todos
en Colombia. Que tiene, claro, componedero, yo no
digo que no, pero es más fácil armar un huevo que-
brado. Amanecer de sinsontes y atardecer de loros,
Colombia, Colombita, palomita, te me vas. Sobre
Puerto Valdivia en el Cauca y Puerto Berrío en el Magdalena vuelan bandadas de loros felices, burlones, ras-
gándome con su aleteo verde, brusco, seco, el luto lú-

gubre del corazón. Y se iba el río obsecuente de mí mismo en pos del Cauca que iba al Magdalena que iba al mar. En el Magdalena había caimanes pero en el Cauca no porque era demasiado malgeniado y torrentoso, todo un señor río arrastracadáveres, revuelcacaimanes. Ay abuela, ya los ríos de Colombia se secaron y los loros se murieron y se acabaron los caimanes y el que se pone a recordar se jodió porque el pasado es humo, viento, nada, irrealizadas esperanzas, inasibles añoranzas.

Y como un alma en pena que vuelve a desandar los pasos volvía al corredor delantero de Santa Anita una tarde florecida de azaleas y geranios en que puse a la abuela a leerme a Heidegger (contra su voluntad), y en que mientras ella me leía resignada y yo me mecía plácido en mi mecedora tratando de seguir el hilo de los arduos pensamientos, un colibrí que revoloteaba sobre las macetas me enredaba el hilo con su vuelo y no me dejaba concentrar. De súbito el colibrí se posó en un geranio, el tiempo dejó de fluir y la tarde se eternizó en el instante. En la oscuridad de la noche, en la ceguedad de mi vida, en la prisión de mí mismo, en la estrechez de ese cuarto, en la pequeñez de esa cama, entre zancudos y balas, pude recuperar ese instante y tenía los colores del colibrí: azul, rojo y verde.

Por lo pronto Dios no existe, este Papa es un cerdo y Colombia un matadero y aquí voy rodando a oscuras montado en la Tierra estúpida. Ay abuela, si vivieras, si tus ojos verdes desvaídos volvieran a alumbrarme el alma... Y trataba de dormirme contando muertos. ¿La abuela? Muerta. ¿El abuelo? Muerto. ¿Mi tía abuela Elenita? Muerta. ¿Mi tío Iván? Muerto. ¿Mi primo Mario? Muerto. ¿Mi hermano Silvio? Muerto. ¿Y yo? ¿Muerto? Muertos y más muertos y más muertos y en la calle Colombia suelta matando más. ¡Qué bueno! ¡Ánimo, país verraco, que aquí no hacen falta escuelas, universidades, hospitales, carreteras, puentes! Aquí lo que sobra es hijueputas. Hay que empezar a fumigar. ¿Cómo se pueden llamar, musicalmente hablando, las ráfagas de una metralleta? ¿Trino? ¿O trémolo? Hermanos cerdos, cochinitos, marranitos: perdón por mi comparación con la alimaña vaticana, pero es que me giró muy rápido el globo terráqueo y se me barrió la cabeza. No ha parido la puta Tierra en cinco mil millones de años que lleva girando a ciegas mayor engendro que ése.

Amaneció y por las polvosas persianas pasó al cuarto el sol estúpido. Me levanté, me puse los pantalones y la camisa y me dirigí al baño a orinar. Al entrar al baño me vi por inadvertencia en el espejo, que jamás miro porque los espejos son las puertas de entrada a los infiernos. Era un pobre espejo deslucido, sin marco, como de hotel de putas, pegado en la pared sobre el lavamanos, y tenía rajado el ángulo superior derecho. Entonces lo vi, naufragando hasta el gorro en su miseria y su mentira en el fondo del espejo: vi un viejo de piel arrugada, de cejas tupidas y apagados ojos.

—¡Quién sos, gran hijueputa! —le increpé—. ¿De dónde te conozco?

Por las cejas lo reconocí.

—Ah... —dije dando un paso hacia atrás para apartarme del espejo.

—Ah... —dijo el viejo gran hijueputa dando un paso hacia atrás para apartarse del espejo.

Luego giró hacia el inodoro, alzó la tapa, se abrió la bragueta, se sacó el sexo estúpido y se puso a orinar.

—Vivir es negocio triste —pensó mientras orinaba—. Los momentos de felicidad no compensan la desgracia.

Miró la repisa de los remedios adosada a la pared del inodoro y buscó con los ojos el Eutanal: ahí estaba, el elíxir de la buena muerte, y a su lado la jeringa.

—Antes —pensó— Colombia se dividía en conservadores y liberales. Hoy se divide en asesinos y cadáveres.

Y volvió a su tema, su consabido tema, insultar a ese pobre país bobalicón y estúpido.

—¡País bobalicón y estúpido! —le increpó—. Ésta es la hora en que no has podido ganar el mundial de fútbol, con todo y que tenés la inteligencia en las patas.

De afuera, de la calle, venía un concierto histérico de bocinas: el infaltable embotellamiento que se armaba todos los días a las siete de la mañana en el cruce de la Avenida Nutibara con la Jardín, las dos únicas que tenía Laureles, viejas, viejas, viejas, más viejas que él. Y que lo oye y que se le dispara el resorte:

—Vos lo único que te merecés, Colombia, es al maricón Gaviria, que con todos los huecos que te tapó y las calles que te construyó, te abrió la importación de carros y te embotelló el destino. ¿Por qué lo elegiste, pendeja, quién te obligó? ¿Te pusieron acaso un revólver en la cabeza? Ahora ya no vas para ningún lado (si es que para alguno ibas), país de mierda.

Por sobre la barahúnda de los claxons de pronto sonaron unos tiros y el rostro se le suavizó:

—¿Tiros? ¡Qué bueno! ¡Abran campo para los niños que están pariendo!

Y es que tiros para él eran fiesta: le recordaban la pólvora de diciembre en su niñez.

El viejo terminó de orinar, vació el inodoro, se guardó el sexo estúpido y se cerró la bragueta. Al salir del baño al cuarto vio reverberando en el polvo del aire los rayos de un sol rabioso.

—¡Putas madres! —exclamó—. Vaginas delincuentes que no castiga la ley. ¿Van a seguir pariendo? ¿Gaviritas, Samperitas, Pastranitas, senadores, gobernadores, ministros, ciclistas, futbolistas, obispos, curas, capos, putos, papas?

Así era siempre: iba atando maldiciones con maldiciones como avemarías de un rosario.

Salió del cuarto y tomó hacia abajo por la empinada escalera rumbo a la cocina a prepararse un café.

—¿Café? ¡Idiota! ¡Cuál café! ¡Si en el país del café no hay café!

A falta de café puso a hervir agua, y cuando el agua hirvió le echó lo que había: vinagre y sal.

—¿Cáncer? —dijo—. ¡Cáncer una mujer pegada a uno como una sanguijuela sesenta años succionándole el alma!

Y se tomó el agua deliciosa de vinagre y sal, saboreándosela, y renovándole las maldiciones de paso a "ese país miserable donde una raza maldita pare y mata", palabras de él.

—¡Malos hijos de mala patria! —les gritó—. ¡Síganse matando los unos con los otros en cumplimiento de su destino de asesinos asesinados! Amén. Ite missa est.

Acabada la misa el viejo hijueputa volvió a subir la escalera, entró al cuarto, pasó al baño, y de la repisa del baño tomó el Eutanal. ¿Y saben qué hizo? Con algodón que empapó en alcohol desinfectó el tapón de caucho del frasco. ¡Como si el Eutanal fuera un remedio! ¡Y como si los muertos se pudieran infectar!

—¡Pendejo! —se dijo—. ¿Qué estás haciendo?

El viejo pendejo ya ni sabía qué estaba haciendo. Entonces, por inadvertencia otra vez, volvió a verse en el espejo, y vi sus ojos cansados mirándome con un cansancio infinito.

Tomé la jeringa de la repisa, le quité el protector de plástico a la aguja, y sosteniendo el frasco con la mano izquierda y la jeringa con la derecha, metí la aguja en el frasco por el tapón de caucho, jalé el émbolo y la llené de Eutanal. Volví a tapar la aguja con el protector para no irme a pinchar, me guardé la jeringa llena en el bolsillo de la camisa, salí del baño al cuarto y del cuarto al pasillo y crucé la biblioteca. En la puerta de su cuarto me detuve antes de entrar y traté de ver en la penumbra. Carlos, que había pasado la noche a su lado en un sillón, se levantó al verme llegar.

—¡Qué hubo, hermano! —lo saludé.

—¡Qué hubo, hermano! —me saludó.

Con un gesto le pregunté por él, y con otro me contestó que ya no había nada qué hacer.

—Andate a dormir —le dije—, que yo me quedo acompañándolo.

Cuando Carlos salió del cuarto me acerqué a la cama, me senté a su lado y me incliné sobre él: sus ojos suplicantes se cruzaron con los míos por última vez. ¿Qué me quería decir? ¿Que lo ayudara a vivir? ¿O que lo ayudara a morir? A vivir, por supuesto, él nunca quiso morirse. Desvié mis ojos de los suyos a la botella de suero: lentamente iban cayendo las goticas indecisas, silenciosas, por el tubo transparente de plástico. Una, otra, otra, contando el final del tiempo.

—Si supieras lo que te quiero. No te lo había dicho antes porque no hubo ocasión. Y porque además para qué, para qué decir lo obvio... Vas a ver que vas a salir de ésta y te vas a aliviar y vas a llegar al año 2000 a celebrar con nosotros el nuevo milenio en La Cascada. ¿Y sabés cómo? ¡Con un garrafón de aguardiente, y una lluvia de estrellitas fugaces en el cielo de la noche inmensa! Te lo digo yo que soy brujo y sé más que los médicos. No hay que hacerles caso a estos farsantes.

Me levanté de la cama y me dirigí a un rincón del cuarto donde no me pudiera ver. Allí saqué la jeringa del bolsillo y le quité el protector a la aguja. Luego regresé a su lado y a la botella de suero: sus ojos vidriosos, perdidos, miraban al techo. Entonces hundí la aguja en el tubo de plástico, presioné el émbolo, y con la última gotica de suero que caía empezó a entrar el Eutanal.

—¡Ay! —exclamó.

No había transcurrido ni un segundo, ni entrado un mililitro siquiera de Eutanal al torrente de la sangre. Fue fulminante. Así había pasado con el perro. Lo miré cuando sus ojos se inmovilizaban en el vacío. El Tiempo, lacayo de la Muerte, se detuvo: papi había dejado el horror de la vida y había entrado en el horror de la muerte. Había vuelto a la nada, de la que nunca debió haber salido. En ese instante comprendí para qué, sin él saberlo, me había impuesto la vida, para qué había nacido y vivido yo: para ayudarlo a morir. Mi vida entera se agotaba en eso.

Con sus mullidos, aterciopelados pasos de silencio, sin levantar el polvo que la desidia de la Loca había dejado acumular, había entrado pues a mi casa, una vez más, la temida Muerte, mi amada Muerte, mi esperada Muerte, mi señora.

—Bueno, papi, este negocio se acabó. Ya no vas a sufrir más, vete tranquilo, y no te preocupés por esta casa que ya sé quién la va a barrer en adelante. ¡El puto viento!

Mientras me guardaba en el bolsillo la jeringa casi llena de Eutanal oí tronando en el cielo el motor de una avioneta, de esas que seguían aterrizando en el viejo campo de aviación donde un día, antes de que yo naciera, se mató Gardel.

—¡Cuántos aviones no estarán en estos instantes surcando en este mundo el cielo! —pensé. Y cuántos hombres y animales no estarán naciendo. O muriendo. ¿Y total para qué? ¿Para qué tanto ajetreo, como diría la abuela? ¿Para cumplir el plan de Dios? Sí abuela, para eso, para cumplir el plan del Monstruo.

Cuando salía del cuarto entraba el Gran Güevón. Ni lo miré.

—Hombre papi —le dije al que ya no oía—: la máxima cagada que hiciste en esta vida fue engendrar a este hijueputa.

Tras el Gran Güevón entró al cuarto la Loca que lo parió. Y tras ella, en la hora que siguió, fueron llegando los otros —hijos, yernos, nueras, nietos—, a darse cuenta de lo irremediable, que se nos había acabado de derrumbar la casa y que ya no había salvación.

Volví a mi cuarto y en el lavamanos del baño vacié la jeringa. ¡Que despilfarro! Se fue por el caño suficiente Eutanal como para despachar al otro toldo a toda Colombia. ¿Y por qué antes no me inyecté un poquito, lo que alcanzara a entrar?

—¡Para qué! —me dije bajando la empinada escalera de atrás rumbo al bote de la basura—. Si no me mata un día, bajando, esta escalera, me mata saliendo de esta casa un sicario.

¿Y por qué un sicario? Sicario es el que mata por cuenta ajena, por encargo. ¿Es que no me puede matar algún cristiano motu proprio, de su libre y soberana voluntad? ¡Pero claro! Lo que pasa es que en la inmensa confusión de las cosas que se había apoderado de ese país adorable habíamos acabado por llamar sicario a cualquier asesino. Cuestión de semántica. Ya no distinguíamos al que fue contratado del que no. ¡Como todos se nos iban impunes! El caos produce más caos. Y me ponen, señores físicos, esta ley como ley suprema, por encima de las de la creación del mundo y la termodinámica, porque todas, humildemente, provienen de ella. El orden es un espejismo del caos. Y no hay forma de no nacer, de impedir la vida, que puesto que se dio es tan irremediable como la muerte. Punto y basta. Dixit.

Y se equivoca el que crea que sigue viviendo en los hijos y que se realiza en ellos. ¡Ay, "se realiza"! ¡Tan ocurrentes en el lenguaje! ¡Qué se van a realizar, pendejos! Nadie se realiza en nadie y no hay más vida ni más muerte que las propias. De niño uno cree que el mundo es de uno; viviendo aprende que no. Los jóvenes tratando de desbancar a los viejos, y los viejos pugnando por no dejarse desbancar. A eso se reduce este negocio.

En el bote de la basura tiré el frasco de Eutanal vacío y la jeringa. Un olor a naranjas podridas, a felicidad fermentada, ascendió del bote cuando lo abrí. La vida seguía pues su curso y el sol girando en torno de la tierra, subiendo, cayendo, subiendo, cayendo, trazando día tras día el mismo arco manido en el cielo como con un compás. ¡Ay, tan original!

Al volver a la biblioteca me tropecé con las niñas de Manuel y los niños de Gloria, que salían del cuarto de papi llorando.

—¡Qué! ¿Se embobaron? —les reproché—. ¡Nada de llorar! ¿No ven que el abuelito ya descansó? ¡De ustedes!

Y los mandé a jugar al patio. Qué ingenuo papi creer que iba a seguir viviendo en mí. Eso era como embarcar un tesoro para salvarlo en un barco que se estaba hundiendo.

Por la escalera principal, etéreo, translúcido, como una aparición, subía Darío flotando en una nube de marihuana. Lo vi, me vio, y no nos dijimos nada. Desde que volvió a tomar le había retirado la palabra a ese irresponsable. Si se quería matar, allá él, que se matara. Gente es lo que sobra en este mundo. Tímidamente pasó al cuarto de papi, como si fuera un extraño que no estuviera invitado. Yo me quedé en la biblioteca frente a ese cuarto viendo entrar y salir gente: hermanos, hermanas, sobrinos, sobrinas, cuñados, cuñadas. Carlos llamaba en esos momentos a la funeraria. Poco después llegó un médico a firmar el certificado de defunción. Causa de la muerte: hepatoma. Exacto, hepatoma, que dicho en lenguaje llano es cáncer del hígado, que dicho en cristiano es muerte.

Colombia por lo menos poco más jodía con los trámites de los entierros. En eso la Ley allá era bastante comprensiva, humana. Si no dejaba vivir, al menos dejaba morir. Por lo demás, donde a las ratas del Congreso colombiano les diera por regular también los entierros, ésta es la hora en que no tendríamos menos de cinco millones de cadáveres insepultos, apilándose en diferentes grados de descomposición en las casas: unos más podridos que otros. ¡Qué tentación para los gallinazos! ¡Pobres! Como si a mí me pusieran un colegio de muchachitos en pelota enfrente y no los pudiera ni tocar.

En México joden más, allá tienes que dar mordida (o sea soborno, coima) para que te dejen enterrar al papá. Y tienes que comprar ataúd así lo pienses cremar. Meten al muerto en el ataúd, y al ratito lo sacan para cremarlo en pelota. ¿Y el ataúd? ¿Qué pasa con el ataúd? Hombre, si no te lo quieres llevar a tu casa para usarlo como cama, lo donas para los pobres y se lo dejas a la funeraria. La cual, no bien sales con el rabo entre las patas, se lo vende como nuevo al próximo muerto que llega. ¿Y los pobres? Que coman mierda los pobres, que los entierre su madre. ¿Y el gobierno? ¿No interviene en semejante abuso el gobierno? ¡Claro que interviene! Manda a un funcionario a que vigile a la funeraria, y el funcionario le saca mordida a la funeraria. Para nacer y morir, para comer y cagar el ciudadano en México tendrá siempre enfrente a un funcionario extendiendo la mano. O a un policía. Pero el país funciona bien. Con mordida todo fluye: el tráfico de los carros, la venta de electrodomésticos, la circulación de la sangre, las putas del presidente, los pasaportes de los que viajan, los entierros de los que se van... La mordida es un invento genial. Como la rueda.

Y donde también es otra dicha morirse es en Cuba, donde uno tiene el entierrito asegurado. El que se quede en Cuba tenga por seguro que lo entierra Fidel: con plata de los gusanos de Miami. ¿Y a mí? ¿A mí quién va a enterrar? ¡Será este Papa! Que en adelante pondré con minúscula porque la mayúscula le queda muy fundillona a semejante follón.

Saliendo el médico entraron los de la funeraria y pasaron al cuarto de papi. ¿Tenía los ojos abiertos? No sé. ¿La rigidez ya lo había invadido? No sé. ¿Todavía estaba en piyama? No sé. Sé que los de la funeraria le preguntaron a Carlos si papi tenía algo de valor encima, y que Carlos les contestó:

—Lo único de valor es él.

Lo subieron a la camilla, lo taparon con una sábana, salieron a la biblioteca y por entre nosotros tomaron con él hacia la escalera. Cabizbajo, como disculpándose por existir, Darío se hizo a un lado para que pasaran. Nunca lo sentí más perdido en esta vida ni más cerca de mi desastre. Su desconcierto se sumaba al mío, su fracaso al mío. Por lo menos papi se había muerto sin saber que él estaba contagiado de sida...

—¡Y qué si hubiera sabido! —le contesté leyéndole el pensamiento—. Él te contagió el sida de esta vida.

Envolviendo con su manto las altas paredes de la biblioteca, la Muerte se reía desde el techo. Eliminé el techo, eliminé las paredes, eliminé el suelo y quedé suspendido en la nada infinita y oscura mirando las estrellitas de Dios. El sur estaba abajo, a mis pies; el norte arriba, sobre mi cabeza; el occidente a mi izquierda, del lado de mi corazón; y el oriente por contraposición al occidente, a mi derecha. Girándome en el vacío me puse de cabeza y quedó patasarriba la eternidad del Altísimo. No hay más punto de referencia en el espacio que yo. Y un cuarto es un cubo lleno de aire y varios cubos una casa.

Bajé con Carlos tras los camilleros. Arriba de la escalera, por la que nunca bajaba para no tener que subir después, miraba la Loca irse, para siempre, a su sirvienta.

Cuando salimos a la calle el radio del carro de la funeraria daba las últimas noticias con alharaca: que Gavirita declaró, que Samperita decretó, que Pastranita conminó. A papi lo despedían con mierda. Qué le vamos a hacer, entre la mierda nacemos y vivimos y nos vamos.

A las dos horas volvieron los de la funeraria con las cenizas en una urnita. La urnita sabrá Dios adónde fue a parar en semejante caos de casa. En cuanto a las cenizas, las cargo desde entonces en el pecho, del lado izquierdo, en esta cripta de cementerio en que se me ha convertido el corazón. El que vive mucho carga con muchos muertos, es natural. Así lo establece la primera ley de los vivos o ley de la proporcionalidad de los muertos, que yo descubrí y que estipula una relación directa entre los años que vive el cristiano y los muertos que carga, cargando más el que vive más: $v=m^2d$ (ve igual a eme al cuadrado por de), donde v es vivo, m es muerto y d la constante universal del desastre, que por ser una "constante" cambia "constantemente" como el espacio de Einstein: se curva, se encoge, se estira, se expande, se alarga. Véase mi tratado de tanatología "Entre fantasmas" donde queda todo esto muy bien explicado, con sencillas palabras y numerosos ejemplos tomados de la vida diaria. Va como por la decimoquinta edición.

Muerto papi me fui al demonio jurando que jamás iba a volver. Nunca digas de esta agua no beberé porque justo de esa agua es de la que vas a beber tratándose de la maldición de Colombia. No había pasado un año de esa muerte y ya estaba de regreso para otra.

Por la vieja carreterita de Rionegro, donde les dio por construir el aeropuerto nuevo para cagarse en el paisaje, bajaba el taxi de curva en curva camino de Medellín. Una curva, otra curva, otra curva, a la derecha, a la izquierda, pasando de tierra fría a tierra caliente, arrullándome en el vaivén de los recuerdos. Por esta misma carreterita subí y bajé incontables veces con Darío en nuestro Studebaker repleto de bellezas. ¿Cuánto hace? Años y años. Un carro de ésos hoy es pieza de museo y vale una fortuna. En cuanto a las bellezas, si es que viven, ay, no han de servir ni como carne para los leones del zoológico o para hacer salchichas. Así pasa. En el ajuste final de cuentas les va menos mal a los carros que a los cristianos. En fin, dejemos esto.

El campo recién bañado por la lluvia desfilaba con su verde límpido por las ventanillas del taxi. Aquí y allá, a la vera del camino o dominando una colina, con sus paredes encaladas de blanco, sus corredores de chambrana y macetas florecidas sobre las chambranas, viejas casitas campesinas me veían pasar y me decían adiós.

—¡Adiós! ¡Adiós! ¡Fernando!

—¡Cómo! ¿Ustedes todavía ahí, no las han tumbado?

—Todavía no. Aquí seguimos, y como siempre tan bonitas.

Y constataba con dolor que el tiempo infame aún no las había tumbado sólo para burlarse de mí, para recordarme lo que yo había sido un día, y conmigo Colombia entera, unos niños locos, que ya no seríamos más porque habíamos envejecido y perdido, para siempre, la inocencia, y con la inocencia la esperanza. Las ilusiones las fuimos dejando regadas por el camino, y las últimas que nos quedaban las quemamos ayer en una gran hoguera que encendimos en el patio.

El taxi seguía bajando y ya se sentía el calor de Medellín. Atrás se quedaban las casitas campesinas fulgurando, brillándome en el fondo de los ojos, con sus corredores de chambrana, sus macetas florecidas, sus paredes encaladas, diciéndome adiós para siempre porque ya sabían, antes de que yo lo supiera, que estaba escrito en el libro del destino que nunca más nos volveríamos a ver.

—¿No tendría la gentileza, señor taxista, de apagar ese radio? Estoy harto, hasta la coronilla, de Pastrana. Por no oír a ese marica le pago el doble de lo que marque el taxímetro.

Tan viejo me vería el asesino, tan jodido, tan desamparado, que en vez de matarme lo apagó. Al que se quiera suicidar un consejo: pare un taxi en cualquier calle de Colombia, el primero que pase, el que sea; súbase y no bien arranque pídale al chofer lo que le pedí al de arriba. Y santo remedio para los males de esta vida con despachada expedita a la otra. Aunque lo que sí no sé es con qué. Si con un cuchillo, con un machete, con un revólver, una varilla de hierro o un piolet. ¿No sabe qué es un piolet? ¡Qué importa! No va a necesitar buscarlo en el diccionario: lo va a ver.

—Gracias. Con el radio apagado pienso mejor.

¿Sí te acordás, Darío, del Studebaker, envidia de Medellín? "La cama ambulante" lo llamaban, y se le revolvía el saco de la hiel a esa ciudad pobretona donde sólo los ricos tenían carro.

—¡Maricas! —nos gritaban cuando nos veían pasar, cargada nuestra máquina prodigiosa de bote en bote de muchachos.

¿Maricas? Eso era como Cuba hambreada gritándoles imperialistas a los Estados Unidos. Les tirábamos un cubito de caldo Maggi por la ventanilla y ni los determinábamos.

—Sigan pariendo, cabrones, que aquí nosotros vamos dando cuenta de lo que salga.

Por este mismo barrio de Buenos Aires por donde voy ahora bajando y entrando a Medellín, ¡cuántas veces no subimos de salida en ese Studebaker cargado de muchachos! Liberados de la ciudad y de su maledicencia congénita, a la vera del camino, bajo la luz de la luna y la turbia mirada de Saturno, con el primer aguardiente y en la primer parada se iban quitando la ropa. Un arroyito tintineante cantaba cerca y mugían las vacas. Muuuu, muuuu, muuuu... ¿Sí te acordás, hermano? Darío: cuando pasen cien años, que son nada y se van rápido, vas a ver que esta ciudad miserable nos va a levantar una estatua.

Paró el taxi frente a mi casa, le pagué el viaje al asesino, bajé con la maleta, toqué y me abrió el Gran Güevón, que ni me saludó: se dio media vuelta y se fue dejándome en la puerta de entrada con el saludo en los labios y la maleta en la mano. Descargué la maleta en el piso y en ese instante vi a la Muerte en la escalera.

—¡Cómo! ¿Otra vez aquí? —le increpé—. Ya te hacía como Dolores del Río: muerta. En fin, serví para algo, mujer, y cuidame esta maleta mientras vuelvo y la subo al cuarto, que vine a ver a mi hermano.

Con breve gesto de desdén y burla me indicó el jardín.

—Que no entre nadie —le encargué—. No se te vaya a ocurrir abrirle esta puerta a ninguno que nos matan.

Cerré la puerta y me dirigí al jardín con el corazón tembloroso. En una tienda improvisada con sábanas extendidas sobre los tendederos de ropa se había instalado en su hamaca.

—¡Darío, niño, pero si estás en la tienda del cheik!

Lo apreté fuertísimo contra el corazón y sentí que volvíamos a ser niños y que acampábamos en el patio en una tienda de exploradores armada con palos de escoba, cobijas, colchas y sábanas, convencidos de que caía la noche en África.

—¡Gruac! ¡Gruac! —dijo una sombra brusca que aleteó del mango al ciruelo.

—Hace días que anda por aquí ese pájaro —me explicó—, pero por más que quiero no logro verlo. Se me va, se me va.

Con dificultad volvió a sentarse en la hamaca y continuó en lo que estaba: limpiando de semillas y basura un paquete de marihuana que había desplegado sobre una de esas mesitas imbéciles, dizque noruegas, de patas puntudas, temblequeantes, que hizo Argemiro el genio in illo tempore. Sacaba una semillita aquí, otra semillita allá, y las iba tirando a los cuatro vientos sobre la grama del jardín.

—Me la trajo Aníbal chico de regalo —me explicó—. Muy buena. Se la venden en la policía.

—¿Envuelta en pliegos de El Colombiano?

—Ajá.

—Que por lo menos sirva para eso ese pasquín.

Y en tanto sus manos descarnadas, fantasmales, seguían limpiando meticulosamente, sin prisas, la yerba santa de los haschidis, que iba sacando del pliego del pasquín, nos pusimos a hablar, de una cosa, de la otra, de la progesterona que le había provocado la retención de líquidos en el cuerpo y de las bellezas de antes cuando no existían estas malditas plagas del sida y el Internet, y cuando la vejez se nos hacía tan ajena, tan lejana, como el día en que dizque se va a apagar el sol. Que se apague que para eso Dios atiza el caldero hirviendo del infierno con la mano del Diablo. ¡O qué! ¿Nos va a cortar también este viejo cabrón la calefacción allá abajo?

—Las enfermedades son de dos clases —le expliqué—: las que se curan y las que no. Las que se curan, se curan solas o con antibióticos. Y las que no, las cura Nuestra Santísima Madre la Muerte, el remedio de los remedios.

—Exacto —asintió con indiferencia, como si la cosa no fuera con él.

Luego, en papel de envoltura de cigarrillos Pielroja, fue enrollando el cigarro de marihuana, que selló con saliva y que empezó a fumar con aspiraciones profundas. Y mientras el humo arcano le iba enturbiando el alma se puso a recordar un muchacho negro buenísimo que nos habíamos conseguido en el Central Park de Nueva York, una noche del verano.

—Ay Darío, ya estás como los viejitos, viviendo para recordar.

—Nos lo llevamos a nuestro apartamento del Admiral Jet, donde yo era "super", lo pusimos entre los dos en medio de la cama...

—Y nos lo pasábamos del uno al otro como pelota de ping-pong. ¡Qué noche más caliente, hermano!

Y me puse a bendecir a Dios que nos había dado esa belleza y tantas otras, inmerecidamente, y a maldecir de este Papa santurrón que se las da de ecuménico. ¡A ver! ¡Cuándo este tubérculo blancuzco se ha acostado con un negro!

Fue entonces cuando la Loca comentó desde el segundo piso, desde su ventana:

—¡Qué gusto me da ver a los dos hermanitos juntos y que se quieran!

¿Gusto? ¿Pero habrase visto mayor descaro? Sólo en una cabeza perturbada y cínica podía caber semejante mentira. ¡Cuánto no hizo una vida entera por separarnos, amontonando hijos y más hijos en el manicomio furibundo de su casa como si el espacio se estirara! ¡Qué se va a estirar el hijueputa, ésas son marihuanadas de Einstein! Hasta que un día (tanto golpea la gota de agua la roca que al fin la rompe), se salió por fin con la suya y parió al Gran Güevón, el engendro de Cristoloco en que conjuntaba en él solo, sin mezcla alguna y con una pureza absoluta por desquiciamiento de la genética, todos los genes rabiosos de la imbecilidad Rendón.

—No hay día en que no descubra cosas, Darío: Cristoloco es como la oveja Dolly: salió clonado.

Me levanté y dejándolo en el jardín, en su etérea hamaca de marihuana, volví al vestíbulo a subir mi maleta a alguno de los cuartos y a ver dónde me podía instalar los días que me esperaban.

Et Madame la Mort? Est-ce-qu'elle était partie? Con treinta mil asesinados al año en ese país vesánico, amén de los que se despachan el infarto, la tuberculosis, la malaria, Pablo Escobar, la policía, los buses y los carros (con efusión o sin efusión de sangre), la pobrecita no se daba abasto. Trabaje que trabaje que trabaje. Y ese afán protagónico a lo Papa que le pica el culo día y noche y no la deja en paz... En todo entierro tiene que estar.

¡Pero qué va, qué se iba a haber ido! Cuando subía la escalera con mi maleta se soltó a reír de mí la desgraciada.

—Dove sei, stronza?

¿Dónde estaba? Invisible como el Todopoderoso en todas partes estaba: girando como un electrón loco en el corazón del átomo.

—¡Jua, jua, jua! —se burlaba con una risa horrísona, que ni la cantata "Edipo Rey" de mi difunto maestro de armonía Roberto Pineda el sordo.

—¿De qué te reís, estúpida? —le increpé—. ¡Lacaya de Dios!

Con eso tuvo, se calló. Nadie desde que el mundo es mundo le había dicho verdad más amarga.

—Todo tiene una primera vez, mujer, ya ves.

En el silencio que siguió le pasé revista al cuarto de papi, a la biblioteca, al volado inspeccionándolo todo, y todo estaba igual, tal y cual él lo había dejado. Como no fuera la eternidad con sus primeras capas de polvo, nadie en el tiempo transcurrido había tocado nada. Ahí seguían sus libros en la biblioteca, sus papeles en el escritorio del volado, sus trajes en el closet de su cuarto. Esos trajes modestos suyos marca Everfit de los tiempos de antes, que eran los que usaba en Colombia la gente honorable. ¡Pero cuánto hace que esa raza idiota desapareció de allí! Por eso hoy nadie en el país de Caco usa trajes Everfit: ni los rateros de adentro del Congreso ni los de afuera. Calculo que ya hayan cerrado la fábrica.

Si la memoria no me falla (que tal vez sí), ya conté que en el fondo de la casa, sobre terreno del jardín, ese chambón de Alfonso García, familiar nuestro, nos había construido dos cuartos para estirar el espacio: unos cuarticos exiguos, mínimos, como de casita de muñecas fabricada por Argemiro, con sus bañitos. En uno de ellos me instalé para estar cerca de Darío, quien a juzgar por la infinidad de remedios que se amontonaban sobre un escritorio ocupaba el otro: antiácidos, antibióticos, antipiréticos, antiparasitarios, antiputasmadres, antintiinflamatorios, antimicóticos...

—¡Basura! ¡Basura! ¡Basura!

Y conforme iba diciendo iba haciendo, tirando media farmacopea del siglo XX a un bote de basura. Sobre el nochero, sobre la cómoda, en el piso, aquí y allá, impúdicas colillas de marihuana dejadas a la buena de Dios y a la vista de todos como condones flácidos recién usados, recién tirados, con mil millones de hijueputas potenciales muertos adentro.

—Eso está bien. La marihuana abre el apetito y adormece el espíritu.

El que no me pudo adormecer en las noches que siguieron nada: ni somníferos, ni bendiciones, ni maldiciones, ni cabezazos Rendones contra la pared. Simplemente se me había ido para siempre el sueño. Y sobre el desierto del insomnio, la zarabanda endemoniada de los zancudos que armaba noche a noche el perro López con sus ínclitos. Tratando de escaparme de ese horror, me iba entonces de recuerdo en recuerdo con Darío al pasado, y así volvía, por ejemplo, de su mano, al Admiral Jet de la Calle 80 del West Side de Nueva York, un edificio de réprobos donde vivimos, a dos cuadras del Central Park y su orgía continua de maricas entre los árboles, un verano. ¡Qué temporadita, Su Santidad, tan desgraciada pero tan maravillosa! Será que todo tiempo pasado fue mejor.

He aquí el retrato hablado del monstruo: siete pisos con treinta apartamentos de cartón en riesgo permanente de quemarse y de irse al cielo en pavesas con sus ocupantes, otros tantos negros y puertorriqueños excretores de ambos sexos, la hez de esta especie bípeda que no sé qué dependencia demagógica del municipio pretendía curar de su adicción a la heroína en un experimento dizque "piloto", para el que contrataron a Darío, inmigrante sin papeles, con el sueldo mínimo y el trabajo de "super" o portero, más limpiapisos, sacabasuras, destapainodoros y juez de paz. Yo, desocupado hermano de la víctima, y como él sin donde caer muerto, le ayudaba a sobrellevar la carga. Y ahí me tiene con un balde de sirvienta y una sonda de plomero destaquiando inodoros de negros, Su Santidad. ¿Que sabe lo que son? Igualitos a los de los blancos, la cosa no cambia. En las humildes funciones excretorias los blancos no difieren de los negros, los perros de las ratas, los infieles de usted. Dios en eso a todos los mortales nos hizo iguales.

Mete el oficiante la sonda y la va girando, girando, hasta que con un poco de suerte (y siempre y cuando no hayan echado fetos) desobstruye el taco. Acto seguido jala la cadena y lo inefable fluye, baja rumbo a las entrañas de la urbe a llevar con canto de agua, hasta las más profundas oquedades del subsuelo, la luz del Evangelio. Creo sinceramente que todo Papa debe enterarse de estas cosas antes de ponerse a hablar. ¡O qué! ¿Magister dixit urbi et orbi?

Una tarde en que destapaba, entre pestilencias de retrete, el de la negra Evelyn, que empieza a sacudrise el cuartucho por los embates de una furia salida de madre y razón como si temblara la tierra.

—It's Dick —me informó Evelyn, con la simplicidad de quien comenta que hace calor.

Y era Dick, en efecto, un negro puerco y grasiento, evangélico, a quien ni la heroína ni la santa Biblia le atemperaban la lujuria, horadando desde el otro lado del baño, con el instrumento que nuestro padre Adán el Australopithecus puso a funcionar en su jardín hace cuatro millones de años cuando bajó del árbol y gracias al cual estamos aquí, el frágil tabique de cartón que hacía de pared y que nos separaba de su apartamento o covacha. Lo primero que apareció, abriendo brecha, fue el casco negro, lustroso, al cual siguió, con un embate enfurecido, endurecido como un fierro, el barreno inmenso, desmesurado, prodigioso, de un grosor excelso y veinticinco centímetros cuando menos de longitud (o diez pulgadas si mide usted, Santísimo Padre, en el sistema inglés) hasta la base ensortijada por la que se unía al cuerpo.

—What? —exclamé.

—Yes —contestó la condenada—, con un "sí" tan obvio como estúpido.

Como un brazo tenso y erguido en ángulo recto que nos mentara la madre, hinchadas las arterias y las venas y a punto de explotar, a empujones, a empellones, palpitando, trepidando, con sacudidas violetas, el instrumento portentoso eyaculó, y nos dejó inundado del líquido lechoso y viscoso el sucio piso del baño.

¡Carajo! ¿Por qué hará Dios tan mal las cosas? Un aparato tan fantástico pegado a semejante asque-

roso... Inescrutable en sus designios, a veces el Todopoderoso se comporta como cualquier Alfonso García chambón.

—What sign are you, super? —me preguntó
Evelyn.

—Scorpio. And you?

—Virgo.

—Virgo? Jua, jua, jua, jua.

¡La risa que me hizo dar la maldita! Los negros, Su Santidad, no tienen alma, no los meta en el
rebaño. Perezosos por naturaleza como son, para lo
único que sirven (y no siempre) es para el sexo. El
óxido nitroso los infla por delante, y respiran por
detrás.

Pero el gran personaje del Admiral Jet no era
Dick sino Sam, otro hijueputa: una trituradora de
basura malgeniada y megalómana que oficiaba en el
sótano. Todo lo que le tiraban por los botaderos de
basura de los siete pisos —jeringas sin heroína, revis-
tas pornográficas, toallitas vaginales, calzoncillos cagados, tenis apestosos, sobras de comida, empaques
de leche, cajas de cartón, botellas, latas, tarros, trapos,
fetos— todo lo trituraba con un rugido de huracán
y nos lo devolvía comprimido en bolsitas. ¡Lo que pesaban esas putas bolsitas! Cien kilos, doscientos, media tonelada, una, dos. Y medirían cuarenta centímetros si acaso... Entonces entendí lo que eran los
agujeros negros del universo: la materia comprimida
hasta alcanzar una densidad demoníaca. Del mismo
modo que lo que le dan, querido amigo, cuando usted compra un apartamento es aire encerrado entre

cuatro paredes, así el átomo no es más que unos suspiros de electrones girando en torno a un núcleo minúsculo y separados de éste por nada, por una nada inmensa, gigantesca, monstruosa, como la que hay entre las estrellas, la nada de Dios. De escalón en escalón por la escalera del sótano, juntando esfuerzos, Darío y yo, a duras penas si lográbamos subir entre los dos a la calle, para que las recogiera el carro de la basura con una grúa, cada una de esas bolsitas. Herniados, derrengados, rengos, con la columna vertebral rota, regresábamos entonces a nuestro apartamento del primer piso, el del "super", a fumar marihuana y a esperar, a ver qué muchacho del Central Park nos caía: si blanco, negro, amarillo o cobrizo.

—Super, super! —llamaban entonces con urgencia de parto a la puerta.

¿Qué pasó? ¿Qué pasó? ¿Un muchacho? ¿Una belleza? ¡Cuál muchacho! ¡Cuál belleza! El negro Dick, Dick el negro: que se le había vuelto a taponar el inodoro.

—Oh no, not again! —exclamaba Darío en inglés, desesperado, iracundo.

Y con una varilla de hierro que mantenía siempre a la mano para estos efectos, una varilla ad hoc, le aplicaba al relapso en inglés un varillazo en la cabeza.

Y santo remedio para las erecciones del negro. ¡Jamás volvió a perforar otra pared, no se le volvió a parar jamás el hijueputa!

Yo siempre he dicho y redicho que el sexo lo tienen los negros enquistado en la cabeza. Hay que sacárselo de allí a varillazos. ¡O qué! ¿Vamos a permitir que sigan estos desaforados desgraciando impunemente los edificios? ¡A són de qué! ¿Acaso somos candidatos demócratas? ¡Abajo Cristo! ¡Viva el racismo! ¡Muera la democracia alcahueta!

—Darío —le aconsejé—. Al próximo que le des un varillazo, medilo bien, no se te vaya a ir la mano o te vas a la silla eléctrica.

—¡Qué va! Si en el Estado de Nueva York no hay silla eléctrica... ¡Cuánto hace que la abolieron!

Me iba entonces, tranquilizado al respecto, al sótano, a ver en qué andaba Sam y a darles comidita a mis hermanas las ratas.

—¡Muchachitas, niñas, ya llegué! —anunciaba entrando con un platón de arroz que sostenía con ambas manos—. ¡Vengan, vengan!

De los oscuros rincones del recinto, acudiendo a mi llamado iban surgiendo. Venían de sus moradas de desdicha, las humildes alcantarillas del subsuelo adonde llega la mierda humana pero no la misericordia de Dios. ¿A qué venían? A verme, a saludarme, a quererme. Religiosamente, equitativamente, sin permitir que me armaran tumultos, guardando el orden, arrodillado en el suelo, les iba repartiendo el arroz granito por granito, que les iba dando en las bocas (y oigan que dije "bocas", no "hocicos"), de las que iban saliendo lenguas: las lengüitas húmedas de mis comulgantes a recibir la Divina Forma. Y cierta noche en que estaba en esto, una que se distinguía por lo cariñosa, Maruquita, que se sube, para quedar a mi altura, a la base de hormigón armado sobre la que descansaba Sam, y que se pone a lamerme la mejilla.

—¡Ay Maruquita, qué loca que sos! ¿No te da miedo de que te infecten los humanos?

Mandé la imparcialidad al carajo y le di el doble. No le pidan equidad al amor que el amor es ciego.

—Muchachitas, me voy, hasta más tarde. A las diez viene una belleza del Central Park a visitarnos. ¡Y dejen la pichadera que ya no caben y se acabó el arroz!

Les hablaba en colombiano.

Cuando me iba algo le cayó de arriba a Sam y se encendió el loco. El loco, el monocorde, el energúmeno, el malgeniado, el maniático, el monotemático. Y como se pone un perro rabioso a ladrar se puso a triturar. ¡Más bolsitas, por Dios, qué pesadilla!

Como muerto que estoy, planeando desde este techo sobre este cuarto y la vida mía, dejo por mi soberana voluntad y real gana el Admiral Jet para volver con Darío una noche cerrada a Colombia el matadero. Por una de esas carreteritas fantasmagóricas del país de Thánatos por las que de noche no transita un vivo porque lo matan y lo sacan de sufrir, vamos en ese Studebaker nuestro cargado de muchachos subiendo de curva en curva rumbo al Alto de Minas, una cumbrecita cualquiera de los Andes perdida en la vastedad de mi recuerdo. Los faros delanteros horadan la niebla y le abren dos huecos de luz al fantasma en la panza, pero por las ventanillas laterales nada se ve: sabemos que a lado y lado de la carretera está el abismo esperándonos. Pues medio siglo después ahí sigue el desgraciado en lo mismo, esperándonos, porque por más aguardiente que tomara, a Darío jamás se le iba la mano. Manejaba con pulso firme y por ciencia infusa, supervisado por el Espíritu Santo. Curva a la derecha, curva a la izquierda, otra curva a la derecha, otra a la izquierda, y así, de curva en curva ascendiendo por la espiral empinada. Ya arriba, uf, por fin, en el abrupto Alto de Minas, coronada la montaña, paramos para tomarnos un aguardiente y nos bajamos del carro. Pasa la botella de boca en boca, de muchacho a muchacho, y mientras el licor bendito se va acabando nos va encendiendo el alma.

—¡Fuera ropa! O a qué creen que subimos hasta aquí, bellezas, ¿a divisar el paisaje?

No se veía a un palmo. La niebla era tan densa que se podía apartar con la mano. ¿Y el frío? ¡Cuál frío! Para eso estaba el aguardiente, para calentarnos el motor de adentro. De día o de noche, se vea o no se vea, no hay mejor lugar en el planeta Tierra para tomarse uno un aguardiente que el Alto de Minas, subiendo de Medellín a Santa Bárbara para bajar después a La Pintada. Se lo digo yo que he andado. Ahí se da la compenetración más absoluta del sitio con el licor y del licor con el alma. Por algo ha reinado en Colombia ese bendito doscientos años, indiscutido, inagotable, sin que lo acabe nadie ni lo desbanque nada. De él se nutren el partido conservador, el liberal, la Iglesia católica, el narcotráfico, el hampa común y corriente, la guerrilla, las ilusiones, las ambiciones, los sueños. El embeleco de Cristo un día pasará en ese país novelero: el aguardiente nunca. Sin aguardiente Colombia no es Colombia. Su unión con él es la consubstanciación hipostática.

Desnudos pero envueltos en la niebla, alucinados, ¿qué hacíamos en la cumbre de esa carreterita desierta por la que de noche no se aventuraba un alma? Hombre, existir, que es lo que hacemos todos todos los días, ir arrastrando lo mejor que podemos este negocio.

Volvemos al Studebaker y emprendemos la bajada por la otra ladera de la montaña. Y ahí vamos, como locos, barranca abajo zigzagueando, serpenteando, culebreando, en nuestra cama ambulante.

En una curva cualquiera, digamos la diez mil veintiuno, pasa el cristiano en Colombia sin previo aviso, de sopetón, de tierra fría a tierra caliente si va bajando, o al revés si va subiendo. De suerte, amigo europeo, que los habitantes de la susodicha curva (un matrimonio jovencito con quince hijitos amontonados en una casita de un solo cuarto promiscuo) pasan del invierno al verano si bajan un metro por la carretera, o del verano al invierno si lo suben, ¿me lo podrá creer? Así de loco es el trópico. Y si yendo usted en camión o en carro se le atraviesan unas rocas como de derrumbe en mitad de la carretera, entonces adiós Panchita porque ése es un retén de bandoleros, y de lo que va a pasar ya no es de un simple clima al otro sino de este toldo al otro toldo. Para morir nacimos y lo demás son cuentos. No se le olvide, amigo. Memento mori.

Como mi recuerdo va en bajada, a toda, haciendo rechinar las llantas, he aquí que en la enésima curva empiezo a aspirar el hálito de la tierra caliente y que me llega, entre efluvios de marraneras y pese breras, como un relámpago que alumbra la noche cerrada, un aroma que me recuerda a Santa Anita, un olor de azahares, de naranjos en flor.

Había en Santa Anita un naranjal y en el naranjal un naranjo que producía unas naranjas fantásticas, las "ombligonas", así llamadas por un botón arrugado como un ombligo que tenían en la cáscara. Dulces, dulces, dulces. Según mi abuelo, que era un hombre necio, sólo se podían cortar con la "medialuna" (un alfanjito filudo encajado en un palo que guardaba en su cuarto), y al atardecer: no arrancándolas a tirones con la mano bajo el solazo porque se secaba el naranjo. Para probarle que no, que no se secaba, y de paso que no nos iba a imponer su voluntad, con la indicada mano las arrancábamos a tirones bajo el indicado solazo. ¡Ay abuelo, las iras que te hacíamos dar por cariño! Te sofocabas, te sulfurabas, te calentabas, se te subía la adrenalina y se te bajaba la bilirrubina. Y con la adrenalina arriba y la bilirrubina abajo, congestionada la cara, sudorosa la frente, perdida la cabeza, echando chispas por los ojos y babaza por la boca se te salía lo Rendón. En uno de esos berrinches tremebundos te dio la embolia que te paralizó el lado izquierdo.

—Abuelito, ¿por qué sos así, tan rabicundo, a quién saliste? No te enojés tanto por tan poca cosa que te hace daño. ¿Para qué querés esas naranjas? ¿Te las vas a comer todas? ¡O es que te las pensás llevar a la tumba! Si se te paraliza el otro lado por otra rabia no vas a poder ni ir al baño. Meditá, pensá, razoná, no seás loco.

De cáscara gruesa que se pelaba fácil y cascos repletos de botellitas jugosas, las naranjas ombligonas de Santa Anita me endulzarán cada que las necesite y hasta el día del juicio, en que mi señor Satanás se servirá llamarme a su reino, el recuerdo.

En La Pintada hay dos farallones picudos como dos tetas, que se yerguen apuntando al cielo, tentando a Dios. Por entre ellos surge la luna, la luna loca, la luna roja, roja de sangre. Las nubes se apartan a su paso y el astro demente sube y alumbra al mundo. Entonces el machete y la tea toman posesión de la noche: tumban cabezas, queman veredas, hacen de las suyas. Colombia, la gran alcauheta, los deja hacer. Que acaben con lo queda, hasta con el nido de la perra como decía mi abuela.

Bravo a veces pero esta noche calmadito, hipócrita, por La Pintada pasa el Cauca arrastrando sus aguas traidoras color de barranco. Por un puente colgante lo cruzamos. El puente se bambolea a nuestro paso, incierto como un borracho. Si caemos no salimos. En eso este río es como el perro López: insaciable, voraz, avorazado, lo que agarra no lo suelta. Y por virtud del susodicho perro —pillo redomado, tunante taimado, bribón disimulado, truhán quintaesenciado, cejijunto lujurioso, hidrófobo rabioso, rufián rapaz, pozo sin fondo, uñas de gato, presidente de México, espejo de malnacidos, prototipo de granujas, paradigma de bellacos— vuelvo al cuarto y al concierto de los zancudos, que me zumban en el oído con una frecuencia de seiscientos hertz. Sí, definitivamente el que caiga al Cauca de él no sale, ése es un río traicionero. Tiene tantos remolinos en sus aguas como malas intenciones en el alma. Soñé entonces que en su bamboleo el puente nos tiraba al río. Hundiéndonos en el agua revuelta y turbia, desesperados, tratábamos mi hermano y yo de salir del carro. Desperté ahogándome, con el sol en los ojos.

—¿Darío? —llamé angustiado, pero no me contestó.

Corrí a su cuarto y no estaba. Lo encontré abajo en el jardín bajo el sol mañanero hojeando un viejo álbum de fotos. Marchitas fotos, descoloridas fotos de lo que un día fuimos en el amanecer del mundo. De papi, de Silvio, de Mario, de Iván, de Elenita, el abuelo, la abuela... Para nunca más.

—¿Le estas pasando revista al cementerio?

—Mirá.

Y me señaló entre las fotos una de dos niños como de cuatro y cinco años:

—Nosotros.

Él de bucles rubios con un abrigo, yo detrás de él con una camisa a rayas abrazándolo.

—¿Ésos fuimos nosotros? ¡Cuánta agua ha arrastrado el río!

—El Cauca —comentó—. Anoche soñé que lo cruzábamos en el Studebaker por el puente viejo de La Pintada, y que el puente al columpiarse nos lanzaba al agua.

Me quedé de una pieza, querido amigo: habíamos soñado lo mismo. Y es que le voy a decir una cosa: al final Darío tenía el alma sincronizada con la mía, sueño por sueño, recuerdo por recuerdo. Pero no se asombre demasiado que por algo era mi hermano: veníamos del mismo punto, del mismo hueco, unas entrañas oscuras llenas de lamas y babas.

De preñez en preñez, de parto en parto, poseída por una furia reproductiva que la impelía a amontonar hijos y más hijos en una casa de espacio finito regido no por la enmarihuanada mente de Einstein sino por el inflexible axioma de que un cuerpo no puede ocupar simultáneamente el lugar que ya ocupa otro, tratando de ajustar los doce apóstoles pero sin lograrlo porque también le nacían mujeres, entre niños y niñas la Loca pasó por el número doce y se siguió rumbo al veinte. A los doce hijos mi casa era un manicomio; a los veinte el manicomio era un infierno. Una Colombia en chiquito. Acabamos por detestarnos todos, por odiarnos fraternalmente los unos a los otros hasta que la vida nos dispersó.

Transcurridos varios años de separación volví a encontrarme con Darío en Bogotá, lejos de ella, y entonces pudimos ser hermanos. Y en prueba de mi cariño le regalé su primer muchacho: de dieciséis añitos tiernos, con un mechón de cabello en la frente y ojos color de esmeralda. Cierro los míos, pardos, para evocarlo, y:

—¡Quítate la ropa, niño! —le digo.

Era tanta su perfección y su belleza que empiezo a creer en la existencia de Dios. Se llamaba Andrés.

—¿Sí te acordás, Darío, del Andresito que te regalé en Bogotá cuando nos reconciliamos y te contagié el vicio de los muchachos?

—¿Cuál?

—¿Cómo que cuál? ¡El más hermoso, no te hagás!

Pero no se estaba haciendo: simplemente el citomegalovirus le había borrado el caset.

Pasado el parto, la gran matrona se instalaba cuarenta días en reposo entre sábanas blancas a mandar. Que tráiganme esto, lo otro, lo otro. Que llévense ese café con leche que está frío y me lo calientan.

—¡Eh, carajo, ustedes sí no sirven ni pa calentar un café! Me lo trajeron hirviendo. ¿Qué van a hacer sin mí cuando me muera?

No se moría. Pasaban los cuarenta días del reposo y otra vez vivita a tierra a revolver, a amontonar, a desamontonar, a desbarajustar, a desparramar, a desorganizar, a patasarribiar, a desordenar lo que entre todos habíamos ordenado en la tregua que nos dio el simún. Inútil todo intento de orden ante tan decidida vocación de caos.

Y salida de un parto se apuntaba ipso facto para otro. Entonces tomó la costumbre de irse a misa embarazada caminando desde la casa de la calle del Perú donde nacimos sus primeros veinte vástagos, hasta la iglesia salesiana del Sufragio donde nos bautizaron, a cuatro cuadras, exhibiendo a los cuatro vientos y por las cuatro cuadras su barriga impúdica. ¡Las vergüenzas que me hacía pasar! Una mujer preñada es un foco de alerta pública, un bochorno familiar. La gente la ve y piensa: "Se la metieron". Y sí. Si no, ¿de dónde resultó ese globo inflado con dos patas poniendo cara de Gioconda? No se me vayan a ir de este mundo sin antes torcerle el pescuezo a alguna.

Entamborada siempre, llueva que truene, truene que diluvie, a perpetuidad, la desvergüenza de esa barriga loca sólo tenía un punto posible de comparación: su lengua soez que hijueputiaba a marido, hijos, vecinos, policías, curas, lo que se le atravesara:

—Si no me das de comulgar ya, en el acto, me voy —amenazaba la multípara—. Tengo quince hijos y no me puedo soplar una misa entera, ¿o es que creés que me sobra el tiempo como a vos? Primero la obligación que la devoción, cura hijueputa.

Eran las culebras, ranas, sapos que tenía adentro revolviéndosele con el nuevo hijo que venía en camino. Que dizque ella podía ser lo que quisieran, menos puta. Y ése era su gran orgullo. Las putas, muy señor mío, mientras no paran para mí son damas de mi más alta consideración. Desde aquí les mando a todas mis respetos.

La parturienta profesional, la bestia proliferante, la Mona Lisa plácida con la inteligencia de un pájaro y la placenta de un mamífero, iba pariendo alegremente hijos como San Pedro llueve y truena cuando se desfonda el cielo. He de vivir, lo juro, hasta escribirme una monografía sobre este especimen de la fauna humana para el Zoological Journal. O si se me dan las luces y se me enciende el foco, un Tratado de la Maldad Pura dedicado, in memoriam, a Tomás de Aquino y Duns Scotto, teólogos.

Esa foto de esos niños y ese sueño de ese río resumen con la verdad profunda de lo que decanta el tiempo mi relación con Darío. De niños, cuando éramos él y yo solos y aún no nacían los otros, nos unió el cariño. Después el genio disociador de la Loca nos separó. Después la vida nos volvió a juntar, con sus muchachos. Y juntos seguimos hasta el final en que nos acogió en su asilo de ancianos la que empieza por eme.

A él en Medellín, en la casa de Laureles, atiborrado de morfina. A mí unas horas después, en mi apartamento de México, cuando me dieron la noticia por teléfono. Me encontraron con el aparato en la mano, azuloso, translúcido, rígido, cual un San José estofado tallado en madera. Como no alcancé a colgar, la llamada desde Medellín le costó a Carlos, que fue el que la hizo, lo que valía esa casa. Bueno, dicen, yo no sé, ni me importa. A los muertos nos importa un pito lo que cuestan o no cuestan las casas.

Vinieron los de la funeraria, colgaron el teléfono, y tras de envolverme en una sábana y montarme en una camilla me sacaron los originales con los pies por delante. Al de la Procu (la Procuraduría venal mexicana) hubo que darle mordida para que me dejara cremar. ¿Que por qué, si eso era lo que quería, no lo había hecho constar por escrito ante un notario? Que para eso estaban.

Se le acallaron sus reparos al méndigo con unos pesos. Y en el Panteón Civil de Dolores, sito en la segunda sección del Bosque de Chapultepec de esta inefable Ciudad de los Palacios, bajo un cielo de smog me cremaron. Entré al horno desnudo, avanzando sobre una banda mecánica. Y no bien transpuse la boca ardiente del monstruo, umbral de la eternidad, estallé en fuegos de artificio. En la más espléndida explosión de chispas verdes, rojas, violáceas, amarillas. ¡Tas, tas, tas, viva la fiesta, qué hijueputa! Me sentí una pila de Bengala de esas que quemábamos en navidad en Antioquia.

Jamás sospeché que una poesía tan luminosa se me albergara en las tripas. Y aunque mi deseo era acabar en las de los gallinazos para alzar con ellos el vuelo, no se me dio. Aquí no hay gallinazos. Aquí lo que hay son priistas: aves carroñeras que se arropan con la bandera tricolor y se alimentan de los despojos de México.

Arrepiéntome, Señor, de todo lo dicho y hecho. De las ilusiones que alimenté, de los sueños que soñé, de los muchachos con que me acosté, y ni se diga de los con que no me acosté porque no alcancé, pues el pecado mayor del cristiano es el no cometido. A Lucio Domizio Enobarbo, Nerón, protector de Séneca y Petronio, amante de la gramática y la retórica como yo, impulsor de una muy sabia reforma fiscal y calumniado durante dos mil años por el cristianismo difamador, le dedico las páginas que siguen de este deshilvanado recuento de verdades.

Tras la semana de tregua que nos dio la Muerte la sulfaguanidina dejó de funcionar y la diarrea le volvió a Darío, esta vez para siempre, indetenible, imparable. O los médicos nos echaron la sal, o algo había en mi hermano que lo hacía diferente a las vacas.

Y para colmo, con determinación repentina decidió no volver a fumar marihuana. Y que si no comía por no fumar y se moría por no comer, que se muriera, pero que él se quería morir en sano juicio, lúcido, con la cabeza despejada.

—¿Y para qué, por Dios, hermano, a estas alturas? ¿Vas a descubrir que está mal formulada la ley de la gravedad? Sí está, y qué, ¡si vamos barranca abajo de culos, en caída libre, rumbo a los infiernos! Fumá. Fumáte este cigarrillito que te hace bien.

Y me ponía a enrolarle un "vareto" con una torpeza de neófito.

En eso estaba cuando vinieron con la noticia de que acababan de matar a mi concuñada Marta. A Marta Garzón que hizo el bien, la caridad, y que luchó por la reivindicación de la pobrería en ese pueblo de pobres e hijueputas de Envigado, Colombia la generosa, que se tarda pero que a la postre muestra siempre su lado bueno, la condecoró: con una bala. Se la pegó por mano de un sicario.

—¿Cómo? ¿Cuándo? ¿Dónde?

A las siete de la mañana cuando salía de su casa con su hijita a llevarla a la escuela, de un balazo. Uno solo, aquí, en la sien derecha, sin derecho a apelaciones.

Luego llegó Manuel con sus dos niñitas de su primer matrimonio y otra noticia: que Raquelita, la menor, de seis años —brusca y rabiosa y voluntariosa como un Rendón y móvil como una veleta enchufada en el culo—, acababa de matar a un perrito.

—¡Pero cómo! —exclamé indignado.

Sí. Lo había abrazado con tal fuerza que lo ahogó. ¡Lo asfixió de amor!

—Si a esta niña no le falla el desván de arriba, la calamorra —le diagnostiqué a Manuel—, pinta para bombero o lesbiana. Pero no te preocupés, hermano, que si te sale bombero, pa que apague incendios; y si te sale lesbiana, mejor, en este país lo que sobran son paridoras. Hay veinticinco millones. Más tus tres mujeres.

Y en mi interior acongojado me consolaba de la muerte del perrito diciéndome que ya no habría de sufrir más, que se había librado del peso de la existencia.

—¡Ah! Y por favor no se lo cuenten a Aníbal ni a Nora porque sufren —les encargué—. Díganles que el perrito está bien, muy bonito, engordando. No hay para qué hacer sufrir innecesariamente a los demás.

—Yo nunca digo mentiras, tío —replicó de inmediato Raquelita—. El perrito sí se murió. Y sí sufrió. Pero se fue pa'l cielo.

Y como se percatara la hijueputica, la asesina, la cínica, de que yo estaba armando un "vareto":

—¿Otra vez van a fumar marihuana? —preguntó, con un tonito que no se sabía si era de interrogación o de exclamación, de chantaje o de reproche, de curiosidad o burla.

—Sí, Raquelita —le explicó amorosamente su papá, el que la engendró—. Es que el tío Darío la necesita para que le den ganas de comer.

—¿Y por qué el tío no quiere comer? ¿Y por qué está tan feo y tan flaco y con esas manchas tan horrorosas? ¿Es que se va a morir?

Se soltó por fortuna un aguacero, un chaparrón de esos de allá, inopinados, que se nos vienen encima de sopetón como un sicario. ¡Y a correr a quitar la hamaca y a desmantelar la tienda de sábanas! Un rayo voló el transformador de la esquina y nos dejó dos días sin electricidad ni para calentar un café. Total, si ni café había en esa casa... Las cucarachas se desprendían de las paredes aniquiladas por la inanición; como rociadas con Flit, pero no: era física hambre. Caían las pobrecitas patasarriba y sus almitas viscosas dejaban este valle de lágrimas.

Las manchas que dijo el angelito eran el sarcoma de Kaposi, que tras de haberle invadido el cuerpo a Darío ahora le invadía la cara.

Minutos después escampó y el sol se dio a sorberse los charcos del jardín, a beber agua sucia. Indecisos como gallina timorata que da un pasito, otro, otro entrando en casa ajena, chorreaban los últimos goterones de la lluvia de las ramas del mango y el ciruelo. ¿Caigo, o no caigo? ¿Caigo, o no caigo?

Cuando armaba la tienda de sábanas y reinstalaba a mi hermano en su hamaca, me puse a recordar a Tales, a Anaximandro, a Zenón, a Heráclito, a Demócrito, olvidados amigos de una olvidada Facultad de Filosofía y Letras de mi lejana juventud, y a preguntarme por la realidad de la realidad y si de veras Darío y yo estábamos vivos o éramos el espejismo de un charco. Un vaho denso ascendía del empedrado del jardín, la respiración de las piedras. Entonces, haciéndole eco el espejismo de adentro al espejismo de afuera, creí entender algo que otros antes de mí también creyeron que habían entendido, en Mileto, en Elea, en Éfeso, en Abdera: los que digo, hace milenios. Nada tiene realidad propia, todo es delirio, quimera: el viento que sopla, la lluvia que cae, el hombre que piensa. Esa mañana en el jardín mojado que secaba el sol, sentí con la más absoluta claridad, en su más vívida verdad, el engaño. Mientras Darío se moría el vaho ascendía de las piedras, vacuo, falaz, embustero, y en su ascenso hacia el sol mentiroso se iba negando a sí mismo como cualquier pensamiento.

Pero de repente ¡pum! Que me cae del mango uno maduro en la cabeza y que me enciende el foco: Newton se equivocó: no hay que multiplicar las masas, cada una actúa por separado; y no hay que dividirlas por la distancia al cuadrado sino por la distancia simple. ¡O qué! ¿Es que la gravedad va y viene como pelota de ping-pong? ¡Ve a estos ingleses!

Y me puse a renegar de Newton y a comerme el mango. En mala hora porque se le antojó a Darío.

—¡No! —grité aterrado.

—¿Y por qué no? —protestó Gloria, que pasaba—. ¿Por qué no se puede comer el pobre un simple mango que no les hace daño a los pajaritos de Dios?

—Porque los pajaritos de Dios no tienen sida. Además cuando un pajarito de Dios se muere de indigestión con mango ni quien se entere. ¿O has visto alguna esquela de pajarito en El Colombiano?

Y he ahí por qué la sulfaguanidina, tan eficaz en las vacas, no le sirvió a mi hermano: porque las vacas, como los pajaritos de Dios, no tienen sida. Lo que les controla la criptosporidiosis a las consortes del toro es su sistema inmunitario intacto; la sulfaguanidina es una ayudita. La mejor medicina es la que se le receta a un sano; y el mejor médico el que convence al sano de que está enfermo. Para pararle la diarrea de la criptosporidiosis a Darío primero había que restaurarle el sistema inmunitario, pero para restaurarle el sistema inmunitario primero había que contrarrestarle el sida, pero para contrarrestarle el sida no había nada, ni la novena de Santa Rita de Casia. En ese punto de su enfermedad y del siglo mi hermano no tenía salvación. Estaba más muerto que el milenio.

Manuel llama a las doce de la noche a su casa para anunciarle a su mujer Lala (la decimoquinta, con la que tiene dos niños) que está muerto. Y Lala es tan bruta que le cree y llama a Gloria llorando:

—¡Ay, ay, ay! —gime la viuda afligida—. Manuel murió.

Gloria, que es una mujer sensata (como yo), en vez de echarse a llorar recapacita, y entre pregunta y pregunta le pregunta que cómo supo, que quién le dijo.

—¡Él! —contesta histérica la gemebunda—. ¡Me llamó de la Calle 80 con Colombia!

Y chilla y patalea en la otra punta de la línea.

—¡Ah! —replica Gloria tranquilizada—. Si te llamó es que está vivo, y si está vivo es que está otra vez borracho bebiendo: con cualquier puta.

—¿Pero con cuál? —pregunta la histérica.

—¡Ah, yo no sé! Digamos que con Irma.

—¿Y dónde, para irlo a buscar?

—Pues en la Calle 80 con Colombia.

Y le cuelga.

Mi hermana Gloria es una mujer fantástica, de armas tomar. A su primer marido, un borrachín de siete suelas, culibajito y grosero, lo tomó una noche del cuello de la camisa, lo llevó al balcón, y desde el pent-house de su edificio de apartamentos de siete pisos del que ella es dueña (y que en un país de indigentes le produce una millonada al mes) lo soltó al vacío como un calzón cagado. ¡Tas! Cayó el borrachito de culos pataleando. Sobrevivió. Y por ahí anda con otra mujer, borracho y descaderado, engendrando hijos y más hijos y bebiendo aguardiente y más aguardiente que es lo que hacen allá. Dizque ésa es la felicidad.

Tras el episodio del mango el horror fue en aumento. La candidiasis secuela de la inmunosupresión le había ulcerado a Darío la boca y le impedía tragar hasta el suero que yo le preparaba con antimicóticos diluidos. Enflaquecido, extenuado, estupuroso, los ojos hundidos, la piel marchita, se pasaba las horas y las horas en el jardín hojeando el viejo álbum de fotos y hablando, hablando, hablando, delirando, mezclando historias de tiempos idos más venturosos. De súbito se quedaba en silencio, con la mirada ausente, perdida en el vacío, y se encerraba en un mutismo que le duraba minutos u horas.

¿Pero de veras era la candidiasis la que le producía las ulceraciones? ¿No sería más bien una leucoplaquia? ¿O el sarcoma de Kaposi, que sin lugar a dudas tenía a juzgar por las manchas del cuerpo y de la cara? ¿Y podía yo jurar que la diarrea se la causaba la criptosporidiosis? Porque también podría causársela una bacteria... O un hongo... ¿Y qué le ocasionaba los episodios de demencia repentina? Una encefalitis, claro, ¿pero originada por qué? ¿Por un protozoario como el Toxoplasma? ¿O por un virus como el citomegalovirus? El solo citomegalovirus bien podía producirle la encefalitis junto con las ulceraciones y la diarrea. Pero bien podían los tres males ser producidos por tres patógenos distintos. Para determinar qué le producía qué a mi hermano tendría que mandarle a hacer, para empezar, un examen coprológico; y para continuar, una aspiración del líquido duodenal, una biopsia endoscópica, una punción lumbar del líquido cefalorraquídeo... Y más y más y más y pague y pague y págueles a estos hijos de puta. ¿Y total para qué? ¿Si le detectaban el Cryptosporidium, qué le iba a dar? ¡Sulfaguanidina, que era mi carta guardada y que ya jugué!

Además estos charlatanes de los laboratorios son unos zorros. Para no desbarrar y saber qué le ponen después a uno en el resultado, empiezan a tantear, a preguntar, como quien no quiere la cosa.

—¿Diarreas? ¿Fiebres nocturnas? ¿Sudoraciones?

—Todo, doctor, tiene de todo —contesto yo por mi hermano muerto de la ira—: sudor, consunción, delirio, diarrea, fiebre... Póngale lo que quiera y se queda corto.

—¿Él es de alto riesgo? —pregunta entonces el sabio echándonos miraditas disimuladas.

—De altísimo, doctor: se acuesta con cuchilleros.

—Ah... —dice.

Y ya sabe nuestro Sherlock Holmes qué es lo que tiene mi hermano. Y tras de hacernos esperar una semana, "que es lo que se tarda el cultivo", sin haber hecho ningún cultivo ni visto en su puta vida un solo criptosporidio, nos pone en el resultado: "Cryptosporidium parvum". ¿Y quién les discute que no puesto que sí puede ser?

—A ver, muéstreme el cultivo —le exigí una vez a uno.

Que cómo se me ocurría que él fuera a guardar en su laboratorio semejante peligro... Ni más faltaba. ¡Que lo cremó!

Angustiado, desesperado, sin saber qué hacer, tratando de aclarar la cabeza y de conservar la calma, mientras Darío se perdía en el vacío me ponía a repasar la lista de sus posibles males: histoplasmosis, toxoplasmosis, criptosporidiosis, criptococosis, coccidiomicosis, blastomicosis, aspergilosis, encefalitis, candidiasis, isosporidiasis, leucoplaquia... Cualquiera de ésas o varias de ésas o todas juntas, más las bacterias y los virus y el sarcoma de Kaposi. Lo único que podía asegurar con certidumbre era que en los cimientos del imponente edificio médico-patogénico-clínico en que se había convertido mi hermano lo que había era un sida. Que era como explicar todos los misterios del universo con Dios. Y mandando a

Dios al diablo y a la puta mierda, ¡a darle al moribundo antiparasitarios y antimicóticos al cálculo! Lo cual a su vez era como tirarle a un pájaro en noche cerrada con escopeta.

Oyendo ahora el silencio frente a una pared vacía, veo subir al techo las espirales de humo de estas varitas de incienso que de unos meses para acá me ha dado por encender obsesivamente para evocar a Darío. Me paso las horas y las horas viéndolas consumirse, yéndome tras sus aros de humo en busca de su recuerdo. En un principio no sabía la razón de mi manía. Un día por asociación de humos la descubrí. Es que las varitas de incienso me recordaban las que él prendía en su apartamento, de una madera aromática que traía de la Amazonia y que se llamaba ¿cómo?

—¿Cómo es que se llamaba, hermano?

—Palosanto.

—¡Ah sí, palosanto! Se me había olvidado.

Colillas de marihuana regadas por el piso, cajas polvosas de libros amontonadas en los rincones, una hamaca de lona hecha jirones, botellas de aguardiente vacías, sillas desvencijadas, lámparas rotas... De entre las colillas de marihuana y las cajas polvosas y las botellas vacías y las sillas desvencijadas y la hamaca en jirones y las lámparas rotas, por sobre la distancia del tiempo surge del humo la alucinada presencia de mi hermano en ese apartamento suyo, demente, de Bogotá, mientras se queman sus varitas de palosanto.

—¿Y para qué las prendés?

—Para aromatizar el ambiente.

¡Qué va, no era para "aromatizar" nada! Era para que lo acompañaran en su soledad y se fueran quemando calladas tal y como se iba consumiendo su vida. Algo tan sutil como un hilito de humo venía a unirnos negando el tiempo. Brilla en la oscuridad la punta roja de una varita de incienso y mi hermano vuelve a la vida por la magia de Aladino.

Ya la enfermera le había desinfectado el brazo con alcohol, había llenado de anfotericina la jeringa y se disponía a inyectársela en la vena cuando le advertí:

—No se vaya a pinchar, señorita, con esa aguja, que lo que tiene mi hermano es sida.

Se puso pálida, pálida, pálida, como la Muerte de Horacio, la "pallida mors".

—Gracias por avisarme —me dijo.

—No hay de qué.

No sé por qué la gente se avergüenza tanto de las enfermedades y jamás de sus madres. La humanidad es rara. Dizque madre no hay sino una, ¡y hay más de tres mil millones! Una madre vale otra madre y san se acabó. Para arriba o para abajo, para adelante o para atrás, esto es una sola y la misma mierda.

Por si tenía criptococosis le daba fluconazol; por si tenía histoplasmosis le daba itraconazol; por si tenía neumonía le daba trimetoprim sulfametoxazol. Y si no tenía criptococosis ni histoplasmosis ni neumonía, qué carajos, lo que no mata engorda. Si a Darío lo iban a matar los médicos o el hijueputa sida, ¡que lo matara yo! Total, a mí era al único que me dolía.

Y a los hechos me remito. Una semana antes de que yo llegara de México a encargarme de él se fueron todos de vacaciones a la Costa dejándolo en manos de la Loca. Si se moría, que se muriera que hartas cagadas les hizo en vida. ¡Por un moribundo de sida se iban a perder unas vacaciones en la Costa! ¡Ve! Solidarios sí somos, pero no pendejos. Desde esta alta tribuna a Colombia entera le aseguro que fuimos siempre una familia unida. Ejemplar.

Se levantaba con dificultad de la hamaca y paso a paso, titubeando, se dirigía a la escalera, que iba subiendo lentamente, tanteando los escalones.

—Dejame ayudarte —le decía y lo tomaba del brazo.

—No —contestaba—. Yo estoy bien.

—Bien jodido —pensaba yo—. Llevado de la hijueputa.

Luego, atravesando mi cuarto llegaba el pobre al suyo, al baño, y tras de quitarse la ropa se pesaba desnudo en una báscula.

—¿Cuánto fue? —me preguntaba, pues la toxoplasmosis le había inflamado la retina y ya no veía bien.

—Cincuenta kilos.

Después fueron cuarenta y nueve, cuarenta y ocho, cuarenta y siete... Y se los iba anotando con un bolígrafo en una pared.

Comparando los despojos de mi hermano con los fríos resultados de la báscula llegué a una conclusión de física muy interesante: la Muerte pesa cada día menos y menos y menos. Hasta que, pues hay un umbral para todo, así como a cierta temperatura con sólo subirles una pequeñísima fracción de grado los sólidos se vuelven líquidos y los líquidos gases, en una diezmillonésima de segundo la pobre vida, que es nuestra forma optimista de llamar a la Muerte, se vuelve nada. Vivir, amigo, es irnos muriendo de a poquito, con aguardiente o sin él.

Inútil resultó la anfotericina. E inútiles el fluconazol, el itraconazol, el trimetoprim sulfametoxazol. Nada le servía a mi hermano. E incluyo en nada a un curita joven que llegó a reconfortarlo una mañana, llovido del cielo como mierda de paloma. Y lo digo por lo que van a ver. Le contaron los epidemiólogos del municipo a mi cuñado Luis Alfonso, y éste a mí, que en infinidad de casas como la nuestra infinidad de enfermos como mi hermano se estaban muriendo de lo mismo, del mal ignominioso que nadie se atrevía a mencionar. Y que en una del barrio de Boston (el mío, ay, donde bajo un cielo incierto nací), un curita joven de alto riesgo infectado se había encerrado a morir cuando se le declaró la enfermedad, arrepentido, avergonzado, escondiéndose del prójimo: una neumonía que agarró por aspirar el excremento de las palomas que venían a arrullarse en las tapias del patio lo remató.

—Padre —le pregunté entonces, tras de repetirle esta historia, al que había venido a reconfortar a Darío—: ¿no habrá respirado su colega, entre la que aspiró, mierda del Espíritu Santo?

No bien se fue el curita reconfortador (todo suavidad, dulzura, sinuosidades jesuíticas de raso) tuve una ríspida discusión con mi hermano porque consideré un insulto a su inteligencia que permitiera que a esas alturas del partido viniera a hacernos la puñeta semejante embaucador con cara de culo o de Pablo VI.

—¡Al diablo con estos tartufos agoreros! Que no entre ni uno más a esta casa.

En ese momento me enteré de que un año atrás, mientras papi se moría, la Loca había llamado en un descuido mío a uno de estos buitres ensotanados para que le administrara la extremaunción.

—¿Y para qué diablos necesitaba la extremaunción? Si con cincuenta años de matrimonio o infierno no pagó en vida esa pobre víctima lo que pudiera deber de purgatorio, entonces yo no sé con qué.

Y al terrible matacuras que hay en mí, descendiente rabioso de los liberales radicales colombianos del siglo XIX como Vargas Vila y Diógenes Arrieta, de la Revolución Francesa, el marqués de Sade, Renán, Voltaire, sectario, hereje, impío, ateo, apóstata, blasfemador, jacobino, le dio en aquella ocasión un ataque de ira santa que casi lo mata. Sobrevivió porque estaba escrito en el libro del destino que había de escribir éste. Y aquí me tienen, viendo a ver cómo le atino a la combinación mágica de palabras que produzca el cortocircuito final, el fin del mundo. Punto y aparte, señorita. Y no me me le vaya a poner cursiva a nada, que las detesto. Y a propósito, lo de "alto riesgo" del curita de Boston, ¿cómo lo puso? ¿Simple, o entre comillas?

—Entre comillas.

—¡Idiota! ¡Quíteselas! Uno es de alto riesgo o no es nada, y san se acabó.

Entonces volví de golpe a mi cuarto de esa lejana casa o manicomio del barrio de Laureles y una vez más vi a mi señora la Muerte, observándome con curiosidad lujuriosa desde el cielorraso manchado por las filtraciones de la lluvia.

—I love you —me dijo.

—¿De veras, mamita? —le pregunté.

Asintió con la cabeza y no dijo más. Y sin embargo, pese a los años transcurridos, aún me resuena en los oídos esa voz tumbal y hueca, sosegada, velada, de tonos suaves de terciopelo y asperezas de garlopa. Una voz inefable que me recuerda ¿la de quién? A ver, a ver, Alzheimer, ¿la de quién? ¿La de Hitler? No. ¿La de Churchill? No. ¿La de este puto Papa? No. ¡La de Xóchitl! La reina Xóchitl, reina de reinas, el travesti más portentoso que he conocido: Gustavo no sé qué ante el registro civil y a la luz del día, lenón de oficio al servicio de los más encumbrados funcionarios del PRI a los que les conseguía las mejores putas; voluminoso, carnoso, grasoso, hagan de cuenta un taquero, bastante innoble y vil él, aunque trabajo es trabajo. Pero en sus noches, ¡qué transfiguración! Gustavo se transmutaba en sus noches en la reina Xóchitl, la reina de reinas, una mole del tamaño de la estatua de la Libertad y vestida como ésta de largo (a veces de verde esperanza, a veces de blanco de novia, a veces de negro luctuoso) y a la que una corte de travestis venidos de los cuatro rumbos del vasto México —del Bajío, el valle del Anáhuac, la península yucateca, la

región Lagunera— le rendían pleitesía. No he conocido otra igual. Xóchitl era la más bonita porque era
la más horrorosa. Murió de una embolia, ahíta de poder y sexo. Chasqueaba los dedos y corrían a aten-
derla cinco muchachones espléndidos que ya me los
quisiera yo para mí. En fin, lo dicho, la difunta hablaba en vida con la voz con que me habló la Parca,
poco y conciso para no ir a meter las patas.

Pero permítaseme volver atrás unas páginas
para seguir adelante: al brumoso Alto de Minas que
me envuelve con su manto. Así procedo yo, constru-
yendo sobre lo ya escrito, sobre lo ya vivido. El hombre no es más que una mísera trama de recuerdos, que
son los que guían sus pasos. Y perdón por el abuso
de hablar en nombre de ustedes pues donde dije con
suficiencia "el hombre" he debido decir humildemente "yo". Mi futuro está en manos de mi pasado,
que lo dicta, y del azar, que es ciego. Y tocar el calve-
cín, como dijo Bach, es muy fácil: hay que pulsar la
nota justa en el momento justo con la intensidad
justa.

Sumidos en el mar de brumas, coronada la
montaña, los faros del Studebaker horadan la noche
ahuyentando los fantasmas. Abajo, en la oscuridad,
se abre Colombia inmensa, y aunque no la veamos
sentimos cómo palpita —tibio, acogedor, seguro—
su corazón. Seguro hasta en la muerte misma que nos
aplicará algún día, lo pronostico.

Nos hemos detenido en lo más alto de la
carreterita desierta, hemos bajado del Studebaker y la
botella de aguardiente pasa de muchacho en mucha-

cho, de boca en boca. Cuando nos la acabamos Darío la lanza contra una roca y la botella vacía se deshace en añicos, como se había deshecho desde hacía mucho, para nosotros, esta hipócrita moral.

—Las mujeres, hermano, son gallinas ponedoras. Bonitos o no (eso poco más importa pues en caso de necesidad cualquiera sirve), los muchachos son lo más hermoso del paseo. Más que Mozart, más que Gluck. Abrí los ojos, no los cerrés que con los ojos cerrados nadie ve.

Mi tesis: que entre papas y presidentes y granujas de su calaña, elegidos en cónclave o no, a la humanidad la llevan como a una mula vendada con tapaojos rumbo al abismo.

—¡Arre mula idiota, mula ciega! Un pasito más, que ya vas a caer.

De hecho ya está cayendo, y desde hace mucho, pero el problema es que no acaba de caer. Somos un moribundo terco que insiste en no morirse.

Pues bien, en medio de esos muchachos de caras ya olvidadas que el tiempo borró, en esa cumbre de esa montaña de esa noche ciega Darío está más cerca de mí que nunca. Lo que la Loca había separado la vida lo había vuelto a juntar. Atrás se quedaba para siempre nuestra infancia de querellas y disensiones. Adelante se abría ante nosotros, ancho, desmesurado, inmenso, un panorama de espléndidas miserias.

Las ratas del Admiral Jet del que mi hermano fue "super" vuelven de vez en cuando a visitarme. Y no son otras, no son las hijas de las hijas de las hijas de las que conocí en su sótano; son las mismas, preservadas de la Muerte y el olvido por virtud de mi memoria.

—Muchachitas: aquí me tienen, en otro país y en otro tiempo, negando el tiempo. Más jodido que de costumbre y hecho un viejo, pero queriéndolas siempre. Jamás he traicionado un amor.

Acostado sobre el frío piso de cemento me dejo invadir por la oscuridad. Y en el acto, confluyendo en ese sótano ciego, corazón de la Tierra, de los humildes socavones del subsuelo van surgiendo mis hermanas las ratas que vienen a olfatearme, a lamerme con sus lengüitas húmedas, y en el hálito de sus respiraciones pausadas siento el don de sus almas. Nos amamos, gústele o no le guste a este Papa. A esta travestida polaca y a sus esbirros del Opus Dei y de la Compañía de Jesús, que Nuestro Señor Satanás acoja sin dilaciones en su caldero hirviendo. ¡O qué! ¿Va a dejar este Diablo idiota que se nos vaya impune a cantar al cielo semejante pandilla internacional de mafiosos? Si hay Dios tiene que haber un Diablo que cobre las cuentas sucias de este mundo y nos investigue de paso las de los bancos vaticanos, a ver si las encuentra tan católicas. Dios sí existe pero anda coludido con cuanto delincuente hay de cuello blanco en el planeta. Este viejo es como los presidentes colombianos: un alcahueta del delito, un desvergonzado, un indigno. O como Luxemburgo, Liechtenstein, las Islas Caimán, Suiza: un paraíso fiscal con lavadero de dólares. Mientras Él exista existirán siempre aquí abajo, en este desventurado valle de lágrimas, el ecumenismo o globalización, la corrupción, la impunidad, la coima. El único que puede acabar con los cuatro jinetes del Apocalipsis es el Diablo.

Afuera nieva y los copitos blancos van cayendo con suavidad callada sobre la calle lúgubre del West Side donde vivimos Darío y yo. Los moradores del Admiral Jet, negros y puertorriqueños que el Social Security alcahuetea y que el Partido Demócrata solivianta, se instalan en las noches en el porche a fumar y a beber cerveza (más tarde adentro, en la abyección de sus covachas, se inyectan heroína). Cuando subo del sótano a la acera la nieve los está echando y los hace entrar.

—¡Hey, super! —me saludan los negros, dándome el cargo de mi hermano.

—¿Cuántos inodoros taponaron hoy, hijos de la gran puta? —les respondo con mi más amplia sonrisa, en español, y ellos creen que les estoy diciendo que están muy bonitos.

Desde el fondo negro de sus almitas negras a su vez se sonríen, y entran al edificio descombrándome la entrada de basura humana. Mi deseo más ferviente esta noche es que se queme esta deleznable caja de cartón con esta bazofia adentro no bien pare de nevar y no haya nieve que extinga el fuego. Que ardan el edificio y sus fornicadores de paredes. ¿Odio luego existo? No. El odio a mí me lo borra el amor. Amo a los animales: a los perros, a los caballos, a las vacas, a las ratas, y el brillo helado de las serpientes cuando las toco me calienta el alma. En cuanto a los que se llaman a sí mismos "racionales" —blancos, negros, verdes o amarillos— ah, eso ya sí es otro cantar, mejor dejemos así la cosa.

Nunca entendió Darío mi amor por los animales. No tuvo tiempo. Sus múltiples devociones se lo impidieron: muchachos, aguardiente, basuco, marihuana... Una sola de ésas da para una vida, se lo digo yo que de todas he probado y que las he dejado por el amor que digo. Y que quede claro para terminar con este penoso asunto que los demagogos obnubilados tacharán de "racista", que yo a los negros heroinómanos de Nueva York no los odio ni por negros ni por heroinómanos ni por ser de Nueva York, sino por su condición humana. Unos seres así no tienen derecho a existir. O por lo menos no lo tienen a que los siga manteniendo el Social Security mientras nosotros los colombianos, por virtud de Colombia la generosa que nos echó, tengamos que lavar en la susodicha ciudad de mierda los inodoros. Punto y aparte, señorita, y no me le vaya a quitar al párrafo ni una palabra que por la verdad murió Cristo.

En la lobreguez viscosa del útero ciego donde se gestan todas las desdichas humanas, pugnando por salir, no sé cómo no le provoqué a la Loca un choque anafiláctico con semejante incompatibilidad de caracteres. Salí por fin, al sol, al aire, al mundo, a esa casa de la calle del Perú, futuro manicomio, donde me recibieron como a un rey. Un rey sin reino. Yo fui el primero de los veintitantos vástagos que la empecinada tuvo, víctimas inocentes de un desenfreno reproductivo sin ton ni son, sin son ni término, en virtud del cual habrían de ir ocupando, por riguroso turno, el mismo hueco negro lodoso, baboso, lamoso, esa víscera hueca con forma de redoma, cieno del lodazal. Darío fue el segundo, mi primer hermano. Queda una foto de él conmigo, de niños, que mi tío Argemiro tomó. Él de bucles rubios y con un abrigo; yo de pelo lacio caído sobre la frente y con una camisa a rayas, abrazándolo. A Argemiro por esas fechas le había dado por ser fotógrafo. Luego fue fabricante de casitas de juguete y, como era de esperarse dada su raza obtusa, desaforado reproductor: le salían a su mujer los hijos de a dos, de a tres, de a cuatro, de a cinco... Jugó durante años a la lotería y se la ganó, pero en hijos.

Han llovido los años sobre esa foto y ahora mi hermano se está muriendo. Mi hermano pero no por los genes disparatados de una loca sino por el dolor de la vida. Lo mejor que le podía pasar a él era que se muriera. Lo mejor que me pudiera pasar a mí era que él siguiera viviendo. No concebía la posibilidad de vivir sin él.

Cuando la sulfaguanidina fracasó y la diarrea se le volvió a declarar, fui con mi cuñada Nora a una farmacia veterinaria por amprolio, un remedio para el cólera de los pollos que le fui dando de a cucharaditas, diluido en un vaso de agua.

—¿Hervida?

—Sí, doctor, mas no bendita. La de las pilas de las iglesias, con todo y lo bendita, bulle de todos los gérmenes habidos y por haber. Dios nos libre y guarde de ella. No hay bendición de obispo que mate a un microbio.

Esa sola dosis de amprolio le alcancé a dar: fue como gasolina rociada sobre un incendio: la diarrea se le exacerbó y su extenuación llegó a tal punto que no pudo en adelante ni siquiera levantarse de la cama para ir al inodoro. Nada qué hacer. Darío se me estaba muriendo sin remedio.

Y a mi impotencia ante el horror de adentro se sumaba mi impotencia ante el horror de afuera: el mundo en manos de estas vaginas delincuentes, empeñadas en parir y parir y parir perturbando la paz de la materia y llenándonos de hijos el zaguán, el vestíbulo, los cuartos, la sala, la cocina, el comedor, los patios, por millones, por billones, por trillones. ¡Ay, que dizque si no los tienen no se realizan como mujeres! ¿Y por qué mejor no componen una ópera y se realizan como compositoras? Empanzurradas de animalidad bruta, de lascivia ciega, se van inflando durante nueve meses como globos deformes que no logran despegar y alzar el vuelo. Y así, retenidas por la fuerza de la gravedad, preñadas, grávidas, salen a la calle y a la plena luz del sol a caminar como barriles con dos patas. Ante un seto florecido se detienen. Canta un mirlo, vuela un sinsonte, zumba un moscardón. Ésa dizque es la vida, la felicidad, la dicha, que un pájaro se coma a un gusano. Entonces, como si el crimen máximo fuera la máxima virtud, mirando en el vacío con una sonrisita enigmática ponen las condenadas cara de Gioconda. ¡Vacas cínicas, vacas puercas, vacas locas! ¡Barrigonas! ¡Degeneradas! ¡Cabronas! Saco un revólver de la cabeza y a tiros les desinflo la panza.

Iba, venía, bajaba, subía, del cuarto de Darío a la cocina, de la cocina al lavadero, del lavadero al tendedero, a prepararle tés con limón que no se tomaba, o suero oral que tampoco, y a echar a lavar en la lavadora las sábanas sucias de su cama para ponerlas después a secar, a la rabiosa luz del sol o a la luz demente de la luna, en el tendedero de la ropa. Lo que hizo papi por años: lavar con paciencia benedictina, con humildad franciscana, los trapos sucios de la casa. Y ésta es la hora en que este Papa manirroto que se ha parrandeado el pontificado canonizando a diestra y siniestra y devaluando la santidad hasta dejarla como el peso colombiano que quedó valiendo polvo, mierda, ¡todavía no lo santifica! ¿Qué espera? ¿No acaba pues de beatificar como a trescientos mexicanos de un plumazo, en lo que se dice un santiamén? ¡Claro! Como la sola Basílica de Guadalupe de la ciudad de México le produce más lana que Colombia entera... Por eso en santos hoy estamos como estamos: por pobres, por miserables, por harapientos. Colombianos: ¡o nos beatifican a otros tantos o ni un centavo más a esta Iglesia! ¡Les cortamos el chorro de las limosnas a estos limosneros!

Y otra vez a la escalera a subirle de la cocina al enfermo otro té con limón que no podía tragar por las ulceraciones de la garganta, y a encontrarme con que las sábanas que le acababa de cambiar ya estaban sucias. Iba entonces al closet del cuarto grande donde dormía Cristoloco a buscar otras limpias. Y así, yendo y viniendo, bajando y subiendo, me encontré maldiciendo con toda mi alma a la maldita escalera.

Mi último día en esa casa amaneció la Loca enfurruñada, destanteada cual si acabara de soñar consigo misma. Y saliendo de su cuarto a la biblioteca dice al aire, a las paredes, para que alguno obedezca:

—¡Eh, carajo, aquí sí no hay ni quien le traiga a una un café!

Como si no tuviera pies y manos la tetrápoda para írselo ella misma a traer: dos pies con de a cinco dedos y dos manos con de a otros tantos. Dedos sí tenía y en las cantidades estatuidas desde el Paleozoico por nuestra sabia madre la naturaleza. Lo que le faltaba era un tornillo en la cabeza. ¡El infaltable tornillo Rendón! Y digo infaltable como quien dice sol oscuro, por oximoron, pues no es que lo tengan sino que carecen de él. Por eso los Rendones no pueden subir ni bajar escaleras. En cambio sí toman café.

—¡A ver si me traen pues el café, carajo! ¡Con leche! —urge la irascible.

Yo no, por supuesto, soy la pared que no oye, que nunca ha oído. Y me metí a bañarme en el baño grande de la casa, que tenía un calentador eléctrico. Estando bajo el chorro, de repente, ¡pum!, que se corta la electricidad y se apaga el aparato. Me acabé de bañar con agua fría, y al salir del baño volvió la luz. Entonces advertí que Cristoloco salía del garaje, donde estaban los interruptores eléctricos de la casa, y comprendí en el acto: los había apagado para que me bañara con agua fría. Darío se estaba muriendo y a este hijo de su Rendona madre lo único que se le ocurría era ponerse a molestarme apagándome un calentador. Me dio tanta risa su miseria de alma, su infantilismo Rendón, que decidí despacharlo al otro toldo de un varillazo en la testuz. Uno con una varilla que había visto en el cuarto de los trastos viejos, calculado, fraternal, cariñoso: ni tan fuerte que nos manchara el piso con el laberinto de los sesos donde se anidaban sus rencores locos, ni tan suavecito que nos dejara al interfecto convertido en un vegetal con el que tuviéramos que cargar de por vida, alimentándolo por un tubo y limpiándole con bañitos de agua tibia el culo de nunca parar. Un "encarte" pues, como dicen en ese país tan expresivo. No. Ni tan fuerte ni tan suavecito: la nota justa en el momento justo con la intensidad justa, que es como siempre he tocado el clavecín. Volví al baño, me afeite, me peiné, y acto seguido, con decisión imparable, bajé a buscar en el cuarto de los trastos viejos la varilla: ahí estaba, en un rincón, con su empecinada dureza de hierro esperándome. La tomé y la blandí como un machete.

—¿Qué vas a hacer? —me preguntó la Muerte asustada.

—Nada, mamita, lo que vas a ver.

Y poseído por la insania de Colombia loca y de los Rendones locos que se arrastra desde los albores de esta especie loca cuando en un rapto de humanidad humanísima Caín luminoso mató al estúpido Abel, corrí a buscarlo. ¡Nulla! ¡Niente! ¡Sparito! Ni en la planta alta ni en la planta baja, se había evaporado como el espíritu de la trementina el maldito.

—¿Dónde está Cristoloco? —pregunté hecho un demonio.

—Salió —contestó desde arriba la Loca, como si entre ella y yo no hubiera pasado nunca nada.

Paré en seco, atónito. ¿Y cómo supo a quién
me refería? ¿Que buscaba a su último hijo, el engendro que de tanto poner a funcionar la máquina mal-
parió? ¿Había adquirido acaso esta demente la capa-
cidad de leer los pensamientos ajenos como Balzac?
¿Como Balzac el loco?

Por eso, porque mientras me afeitaba y baja-
ba al cuarto de los trastos viejos por la varilla el engendro salió, sólo tengo dos muertos sobre mi conciencia, que le dan un toque de caridad cristiana a "Los
caminos a Roma": un gringuito muy bonito con el
que me crucé en España, y una concierge de París.

Pasados tantos años y repensando desde el
presente con cabeza fría la rabia hirviendo salida de
toda madre que en esos instantes me dio, me doy
cuenta ahora de que si papi se había convertido en la
sirvienta de la Loca yo estuve a un paso de convertirme en la de la Muerte. Dos trabajos sucios le había
hecho ya a la haragana y quería más... ¡No más faltaba!

Esa noche volvieron los zancudos del insomnio, "les musiciens", a zumbar sobre mi cama de juguete obra de Argemiro el loco. Mientras en el cuarto
contiguo Darío deliraba y discutía en su delirio con
los basuqueritos de la Carrera Séptima, yo en el mío,
para no oírlo, me ponía a hacer el balance de la quiebra. Sacando cuentas esto no había sido más que un
espejismo siniestro, una patraña burda de ilusiones
liquidadas que por lo menos ya estaba llegando al

final, en un tinglado que se caía a pedazos entre sombras rotas. Ascendí desdoblándome, y penetrando con mis ojos de búho, de lechuza, la oscuridad, vi abajo desde arriba, desde el techo, a ese pobre tipo en esa pobre cama al garete en el mar del tiempo. El tipo se levantó y caminó unos pasos hacia el sillón vacío, el sillón en que la abuela se sentó sus últimos años a esperar a la Muerte. La noche se desgranaba en instantes que pesaban como eternidades.

Descendiendo en círculos cada vez más cerrados, en tirabuzón, concéntricos, van bajando los zopilotes del cielo, del techo azul de Dios sobre Playa del Carmen, la de moda. ¿A quién vieron que se va a morir? A mi amigo R.M., cuyo nombre callo por esta discreción que nos caracteriza a los muertos en hablando de otros muertos, muy distinguido él, caballero del Santo Sepulcro y diplomático ante la Santa Sede y quien, convertido de un mes al otro en un cadáver ambulante por la enfermedad innombrable, volvió de Roma a México a morir, mas no sin antes irse a disfrutar una temporadita de la vida en la susodicha playa donde lo detectaron desde arriba los zopilotes, esto es, los buitres mexicanos, sus correligionarios del PRI-gobierno, que empezaron a bajar en los círculos que dije, concéntricos, y una vez abajo a seguirlo, a saborearse de antemano el banquete que les esperaba, dando saltitos de contento en la arena de la playa y en las rocas. Los zopilotes son así, saben quién va a morir. Como los curas y los médicos, huelen en los vivos a los muertos. Cuando los zopilotes más atrevidos se le acercaban demasiado a R.M. y le revoloteaban por la cara, mi pobre amigo se los espantaba con un sombrero de jipijapa.

Esa noche fue la última: al amanecer me marché para siempre de esa casa. Y de Medellín y de Antioquia y de Colombia y de esta vida. Pero de esta vida no, eso fue unos días después, cuando me llamó Carlos por teléfono a México a informarme que le acababan de apurar la muerte a Darío porque se estaba asfixiando, porque ya no aguantaba más y rogaba que lo mataran. Y en ese instante, con el teléfono en la mano, me morí. Colombia es un país afortunado. Tiene un escritor único. Uno que escribe muerto.

Me morí pues sin alcanzar a colgar y ahora, desde esta nada negra donde me paso lo que resta de la eternidad viendo los afanes del mundo y burlándome de sus embelecos, me pregunto por ociosidad una cosa: ¿de cuánto habrá sido la cuenta que le pasaron a Carlos porque no colgué? ¿O se habrá cortado sola la llamada? ¿Pero es posible en el mundo telefónico de los vivos que una llamada se corte sola? Ya ni sé. Ni me importa.

A las cinco de la mañana me levanté, me vestí, metí mi ropa en mi maleta y pedí por teléfono un taxi para el aeropuerto. Me marchaba sin despedirme de Darío, sin decirle adiós. ¡Pero cuál Dios, hombre, pendejo, Dios no existe! ¡Qué va a existir ese viejo hijueputa! Mientras abría el portón de la calle noté que se había quedado sin llave. ¡Cómo! ¿Un portón sin llave una noche entera en la plenitud de Colombia? ¿Estaban locos, o qué? ¡Claro, como ya no estaba papi! ¡Como se les había ido el celador-sirvienta que les cocinaba y les lavaba la loza y la ropa y que infaltablemente, antes de irse a dormir, verificaba que hubieran apagado las parrillas de la estufa y cerraba con doble llave el portón de la calle! ¡Bobito! ¡Ingenuo! ¡Como si en tu país se hicieran mucho problema en abrir una puerta porque le pusiste dos llaves o tres! Si te la quieren abrir y no cede, te la vuelan con una bomba. Y si te quieren matar y no sales, te incendian la casa. Con fuego sale hasta el más remiso. Sale porque sale y con el culo chamuscado al aire libre de Colombia.

A riesgo de convertirme en una estatua de sal miré hacia atrás y vi arriba en la escalera a la Loca mirándome, viéndome ir. Salí, cerré tras de mí la puerta, y en ese instante afuera un sol sombrío surgió de las montañas y se detuvo ante mi ex casa el taxi: traía el radio prendido. Subí con la maleta y el taxi arrancó.

—Señor —le pedí al chofer—, apague el radio y le pago el doble de lo que cueste el viaje.

El asesino lo apagó.

Cuando iniciábamos la subida por la carretera de Rionegro se soltó a llover: una lluvia densa, cerrada, que ocultaba el paisaje. Así que la última vez que vi a Antioquia fue unas semanas atrás, bajando a Medellín del aeropuerto, a mi llegada. ¡Quién iba a decirlo, quién iba a saber!

Lo último que me pidió Darío fue que hiciera las paces con Cristoloco y la Loca, que les perdonara lo que les tuviera que perdonar. ¿Pero cómo?

me pregunté estupefacto. ¿Los muertos decidiendo por los vivos? ¿Está eso en la Declaración Universal de los Derechos del Hombre? ¡Que se mueran los que se van a morir y no jodan! ¿O es que alguna vez el que se moría me hizo caso a mí? Ni una, que yo recuerde.

—¡No! —le contesté con un no más rotundo que el planeta Tierra.

Y mientras el taxi avanzaba por la carretera de Rionegro alejándome de él, volví a verlo como lo vi a mi regreso bajo su tienda de sábanas, esperando a que el horror de la Muerte viniera a librarlo del horror de la vida. Volví a verlo turbiamente, en mi recuerdo encharcado.

A la entrada del cementerio de San Pedro, en Medellín, Colombia, se alza el Ángel del Silencio sobre un pedestal de mármol: con el índice sobre la boca nos indica que hay que callar.

—A callar, súbditos de la Muerte, que acabáis de entrar en su oscuro reino.

¿La Muerte? ¡Cuál Muerte, ángel pendejo! La Muerte, si te digo la verdad, a mí siempre me hizo en vida los mandados. En cuanto a mi entierro en tan ilustre camposanto donde se han podrido tantos de mis amados paisanos, imposible porque ya en México me cremaron: costó una fortuna en mordidas a los del Ministerio Público el permiso para mi cremación.

Las llantas del taxi surcaban los charcos abriendo a su paso abanicos de agua. Ya sabía yo que nunca más iba a volver, que ése había sido mi último regreso.

Como un perro que orina para indicar que por ahí pasó, la Loca se pasó la vida pariendo hijos: le iban saliendo de las entrañas, de sus profundidades oscuras como el infierno con los imborrables genes Rendón. Imborrables, digo, porque hasta donde yo sepa, con todo y los progresos que dizque ha hecho la humanidad, aún no ha inventado el borrador de genes. Por lo pronto, de mi álbum de fotos, de daguerrotipos, la voy cortando con unas tijeras de donde aparece: está en los bautizos, en las primeras comuniones, en las bodas, en los entierros, ubicua como Dios Padre o como Balzac. En los bautizos quería ser la bautizada; en las primeras comuniones, la comulgante; en las bodas, la novia; y en los entierros, ¡la muerta! Me ha quedado un álbum de fotos mutiladas, una verdadera masacre de recuerdos tijereteados.

Arroyos enloquecidos bajaban de la montaña volcándose sobre la carretera, y un viento rugiente nos mentaba la madre y nos aventaba la lluvia en ráfagas de abalorios.

—Tac, tac, tac, tac, tac, tac, tac —iban diciendo con apremio las plumillas del parabrisas rebasadas por el agua.

¿Qué pasó en últimas con el capo vaticano, el farsante Wojtyla, el tartufo, el beato, el travesti polaco, que no lo veo cantando en estas alturas azules entre los angelitos de Dios? ¿Finalmente murió? Si murió ha de estar entonces en la oscuridad de los profundos infiernos.

No se veía a un palmo. De una curva a la otra nos encontramos ascendiendo a contracorriente de un río. Como un miserere doliente llovía la lluvia sobre la capota del taxi. ¿La "capota"? Así llamábamos de niños al techo del carro de papi. Todo cambia, todo pasa, todo se acaba, los idiomas y las palabras también. De tantas que se le han muerto a éste acabó por morirse el santo.

—¡Qué bueno que descansó! —comentaba la Loca cuando se enteraba de la muerte de alguno.

¿Y para qué trajo entonces semejante chorro de hijos a este mundo sacándolos de la paz del otro, de la imperturbabilidad del no-tiempo, también llamado eternidad? ¿Para que giraran con el planeta estúpido trescientos sesenta y cinco días al año durante años y años hasta que, gastada a más no poder la máquina, cansada, harta, volvieran humildemente al punto de partida, comidos por los gusanos o las llamas? Los hubiera dejado donde estaban. Lo que sobra sobra.

Entramos a una explanada. ¿Llano Grande? Las llantas del taxi seguían surcando los charcos, y la lluvia doliente cantando su salmodia. Sonó el teléfono y contesté: era Carlos para darme la noticia de que acababa de morir Darío. En ese instante entendí que se acababan de cortar mis últimos vínculos con los vivos. El taxi se iba alejando, alejando, alejando, dejándolo atrás todo, un pasado perdido, una vida gastada, un país en pedazos, un mundo loco, sin que se pudiera ver adelante nada, ni a los lados nada, ni atrás nada y yendo hacia nada, hacia el sin sentido, y sobre el paisaje invisible y lo que se llama el alma, el corazón, llorando: llorando gruesas lágrimas la lluvia.

Este libro se terminó de imprimir,
en los talleres gráficos
de Editorial Nomos S.A.
en el mes de febrero de 2004,
Bogotá, Colombia.